AF465867

VIE

DE

L'ABBÉ J. DUCAT,

MISSIONNAIRE APOSTOLIQUE

A BANGKOK (ROYAUME DE SIAM),

PAR L'ABBÉ MOUSSARD,

AUMONIER AU SACRÉ-CŒUR, A BESANÇON.

BESANÇON,
TURBERGUE, LIBRAIRE-ÉDITEUR,
Rue Saint-Vincent, 33.

1864.

VIE

DE

M. L'ABBÉ J. DUCAT.

Séminaire des Miss. Etrang. 18 Août 1858.
DÉPÔT LÉGAL

VIE

DE

M. L'ABBÉ J. DUCAT,

MISSIONNAIRE APOSTOLIQUE

A BANGKOK (ROYAUME DE SIAM),

PAR L'ABBÉ MOUSSARD,

AUMONIER AU SACRÉ-COEUR, A BESANÇON.

BESANÇON,

J. JACQUIN, IMPRIMEUR-LIBRAIRE,

Grande-Rue, 14, à la Vieille-Intendance.

1864.

AUX ENFANTS DU SACRÉ-CŒUR.

MES CHÈRES ENFANTS,

En même temps que vos pieuses et habiles Supérieures travaillent à vous instruire, elles vous excitent par leur exemple à la pratique de tout bien. De leur bouche sort une parole vraie et substantielle, et des plis de leur voile une salutaire vertu. Je vous dois également, mes enfants, ce double tribut d'instruction et d'édification; mais il faut convenir que si je peux, comme ces dames, acquitter le premier, l'éloignement auquel me condamnent vis-à-vis de vous les travaux de mon divin sacerdoce, est un obstacle à ce que l'autre vous soit dûment et rigoureusement payé. Or, pour n'être point en retard de ce côté, mes enfants, je me fais remplacer au pensionnat par un saint missionnaire dont la vie sera pour vous un stimulant de toutes les heures et un encouragement à toutes les vertus. Vous verrez, en parcourant ces humbles pages, comment un caractère dur s'assouplit sous l'action de la grâce, combien les habitudes de piété sont utiles au milieu du monde, avec quel zèle il faut travailler à son salut et, selon que les circonstances le permettent, au salut du prochain. Puisse-t-il vous être aussi agréable de lire ce petit travail, mes enfants, qu'il m'a été doux de l'entreprendre pour vous ! Puisse-t-il surtout vous faire autant de bien que je désirerais vous en faire moi-même !

Le séminaire des Missions-Etrangères me pardonnera de confisquer au profit d'une communauté qui m'est chère, une vie dont il a droit de revendiquer le bénéfice et la gloire ; je ne lui prends qu'un héros entre mille, et c'est d'ailleurs pour lui faire continuer après sa mort un intéressant apostolat.

Agréez, mes chères enfants, l'assurance de mon respectueux et paternel dévouement.

L'Abbé MOUSSARD.

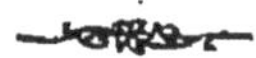

AVANT-PROPOS.

Nous offrons ce petit livre aux âmes pieuses qui se réjouissent dans la vérité et le bien, à tous ceux qui s'intéressent à l'œuvre des missions, et en particulier aux amis du jeune apôtre dont il a pour objet de raconter les vertus et les travaux.

Si notre opuscule est lu avec quelque intérêt et contribue à l'édification, nous en laissons l'honneur et le mérite à qui de droit. M. l'abbé Ducat, par sa constante coopération à la grâce, en a fourni le fonds. Nous devons la partie difficile de la mise en œuvre à la sœur du vénérable missionnaire, Mlle Nathalie Ducat, qui a dépouillé une vaste correspondance, analysé les documents, coordonné les matériaux, avec un soin intelligent et une infatigable activité.

Nous songeons moins encore, en hasardant notre modeste publication, au bénéfice de la vente qu'à l'honneur d'avoir parfait le travail. Cette biographie se vend au profit de la mission de Siam. C'est donc celui qu'elle représente qui cherchera lui-même à pénétrer dans nos villages et dans quelques-unes de nos cités catholiques, pour y trouver le denier de l'aumône. Lorsque saint Paul entreprit une collecte pour ses enfants pauvres de la Judée et de Jérusalem, il put dire des chrétiens de Macédoine à la porte desquels il venait de frapper : « Ces généreux fidèles se » sont portés d'eux-mêmes à donner autant qu'ils » pouvaient, au delà de ce qu'ils pouvaient, nous » conjurant avec beaucoup de prières de recevoir leurs » dons et de souffrir qu'ils eussent part à la charité » qu'on fait aux saints de Jérusalem (1). » Nous prions Dieu qu'il en arrive ainsi à l'apôtre de Bangkok (2).

Besançon, le 19 mars 1864.

(1) *II Cor.*, VIII, 3-4.

(2) Au moment de mettre sous presse, nous apprenons que la mission de Siam vient de subir une seconde épreuve, non moins douloureuse que celle dont le récit termine ce volume. Le 2 février, un incendie a dévoré en moins d'une heure plus de deux cents maisons; les ornements et les vases sacrés, les registres, les archives, les effets des missionnaires, une foule d'objets précieux, ont été la proie des flammes. M. Dupond, supérieur actuel de la mission, fait appel, dans cette triste circonstance, à la charité de ses compatriotes et en particulier des associés à l'œuvre de la Propagation de la foi.

VIE

DE

M. L'ABBÉ J. DUCAT.

CHAPITRE Ier.

Naissance de M. J. Ducat. — Qualités et vertus de ses parents. — Inquiétudes que leur inspire son caractère. — Motifs d'espérer. — Heureux fruits de la première communion.

Il n'est aucun de nos compatriotes qui ne se souvienne d'avoir vu autrefois à Besançon un jeune ecclésiastique distingué, entre mille, par son esprit de foi, l'ardeur de son zèle et l'indomptable énergie de sa volonté : récemment encore une personne dont les rapports avec le clergé étaient loin d'être fréquents alors, le désignait par son nom à l'auteur, qui le lui peignait sous ces traits. Or, ce prêtre vient de mourir sur la terre étrangère après un court et pénible apostolat, laissant à ceux qu'il convertit ou fortifia dans la foi le souvenir des vertus les plus précieuses et la trace ineffaçable de ses courses évangéliques. Qu'il nous soit permis, à nous, enfant de la Franche-Comté, de faire valoir nos droits à cet héritage et de recueillir ce qu'il nous en revient. Serait-il dans l'ordre que la province natale fût complétement privée d'une succession si belle, quand l'Esprit-Saint a dit lui-même : *His qui proximi sunt dabitur hæreditas* (1)?

Celui dont nous entreprenons d'écrire la vie, Pierre-François-Joseph Ducat, naquit à Besançon le 16 novembre 1822. Son père, M. Jean-Joseph-Désiré Ducat, et sa mère, Mme Sophie-Joséphine-Clémence Ducat, née Marmet, n'avaient point apporté en dot une fortune égale. Sous le règne de la Terreur, la famille paternelle ayant fourni aux agents du gouvernement quantité de marchandises, on lui avait offert en paiement une riche propriété ravie naguère à un ordre religieux. Le refus généreux qu'elle fit de ce bien usurpé la réduisit momentanément à un état de gêne, et M. Désiré Ducat se

(1) *Num.*, XXVII, 2.

crut obligé, dans cette circonstance, de venir au secours de ses parents, en sacrifiant vingt-cinq mille francs de ses économies. Les ancêtres de Mlle Marmet, parmi lesquels nous nous contenterons de nommer le P. Marmet, de l'ordre de Cîteaux, justement célèbre dans le pays (1), avaient reçu en partage, avec la graisse de la terre, la bénédiction du Ciel qui apprend à en user. Tout en prélevant chaque jour sur leur patrimoine le pain du pauvre et l'obole destinée aux œuvres pies, ils vivaient dans la plus grande aisance. « De même qu'un arbre dont on retranche certains rameaux a bientôt plus de vigueur et prend de nouveaux développements, c'est saint Antoine de Padoue qui parle, ainsi les chrétiens charitables sentent croître et se multiplier dans leurs mains la part qu'ils se sont gardée (2). »

Mais si la différence de fortune pouvait être un obstacle à leur alliance, d'un autre côté M. et

(1) Le P. Marmet est vénéré en Franche-Comté sous le titre de bienheureux.

(2) Sicut arbor, ramis superfluis moderatè proscissis, meliùs fructificat, sic ei qui de proprio eleemosynas facit, Dominus residuum multiplicat magis. (S. ANTON. PAD., *Serm. I de virtutibus.*)

Mme Ducat avaient cette ressemblance de caractère et cette unité de vues d'où dépendent principalement le bonheur des familles et la bonne éducation des enfants : ils étaient doués l'un et l'autre d'une force d'âme peu commune ; tous deux pensaient que pour avoir le fils sage dont on se glorifie et la fille pure qui réjouit le cœur de sa mère, il faut vivre avec dignité, exiger le respect et donner l'exemple. Qu'on aille s'asseoir plus tard à l'ombre de leur foyer, et en voyant huit enfants qui viennent de faire ensemble la prière du soir, demander comme une récompense la faveur d'embrasser leur père et leur mère, on jugera combien M. et Mme Ducat durent être fidèles à appliquer ces principes et quels fruits ils en retirèrent.

Joseph fut peut-être celui d'entre tous chez qui on remarqua le mieux les heureux effets de cette éducation vigoureuse et solidement chrétienne. Chacun s'était réjoui à la naissance de cet enfant, qui venait en quelque sorte de la part de Dieu réparer la perte récente d'une parente bien-aimée : le père de M. Ducat en particulier, vénérable vieillard de mœurs patriarcales et d'une foi antique, avait voulu quitter son lit de douleur pour voir et bénir ce nouveau petit-fils ; mais peu à peu ces premiers sentiments de joie durent faire place à quelques inquiétudes. Joseph annonça un caractère difficile ; ses emportements commençaient à devenir fréquents, son goût pour les aventures était extrême, son ardeur voisine de l'impétuosité. Citons ici quelques traits.

Un jour, Joseph persista, malgré les remontrances de sa bonne, et uniquement afin d'avoir le plaisir de rire des frayeurs qu'il lui causait, à faire mille sauts périlleux sur l'escalier de la maison : peu d'instants après, on le retirait évanoui d'une cave où il était tombé. Une autre fois, passant avec Mme Ducat sur le théâtre d'un incendie, il se détacha d'elle subitement et disparut. Quelle ne fut pas la surprise de la bonne mère, lorsqu'elle aperçut son enfant suspendu à des poutres à demi brûlées et qui pouvaient d'un moment à l'autre l'entraîner dans leur chute! Heureusement, son ange le garda cette fois : Mme Ducat en fut quitte pour la peur, et lui pour une sévère réprimande. Joseph avait un frère appelé Henri, dont nous retrouverons plusieurs fois le nom et les œuvres dans le cours de cette histoire. Durant une promenade qu'il faisait avec lui et un compagnon de jeu, il invita ce dernier à grimper sur des rochers à pic, et là, en face d'un précipice de cent cinquante pieds, lui montra par des manœuvres dont la seule pensée fait frémir, comment l'enfant souple et adroit peut tromper la mort.

Nous ne finirions pas si nous voulions rapporter toutes les circonstances où cette nature fougueuse et hardie céda à ses entraînements. A qui prétendait régler l'emploi de son petit pécule, Joseph répondait sur un ton grec : « On est propriétaire de ce qu'on a gagné ! » Lorsque sa sœur aînée, qui était en même temps sa marraine, voulait user des droits que lui donnaient son expérience et son titre, c'était une *sœur des frères prêcheurs* dont il fallait payer les travaux apostoliques par maintes vexations. Nous ne craindrons pas de le dire, afin de mieux faire ressortir l'action de la grâce sur notre digne missionnaire : dans une de ses saillies, il s'oublia tellement qu'il se jeta sur elle en menaçant de l'étouffer.

Du reste, quelles que soient les excentricités et les violences d'un enfant de cet âge, il ne faut point s'alarmer outre mesure, ni même se prendre à regretter pour lui un tempérament plus calme. L'arbre qui s'élance en poussant d'insolents rejetons vaut en général mieux qu'une plante dont le développement est lent et régulier. Une terre où les sucs abondent les distribue également, il est vrai, aux mauvaises herbes et à la tige de froment; mais si, dès le principe, on a soin d'étouffer l'ivraie, ces sucs nourriciers se reportent sur le bon grain, qui produit alors le centuple. Ainsi en est-il d'une jeunesse exubérante d'animation et de vie; il suffit de la soumettre à une discipline éclairée, qui la réprime au besoin, la dirige dans sa course et sache tirer parti de ses mouvements en apparence les plus désordonnés. On verra au bout de quelque temps combien elle l'emporte sur ce premier âge aux allures compassées, dont il ne faut pas plus attendre de grands actes de vertu, qu'il ne faut en redouter de grands écarts.

Indépendamment des assurances et des encouragements que M. et Mme Ducat puisaient dans cette théorie, d'autres motifs particuliers pouvaient encore contribuer à modérer leurs craintes. Ils n'avaient point oublié une parole tombée d'une bouche vénérable sur le berceau de Joseph. M. Vieille, curé de Sainte-Madeleine, était venu consoler la famille d'une perte récente : à la vue de cet enfant, un rayon d'espérance avait illuminé ses traits et peut-être éclairé l'avenir : « Eh bien !

oui, avait-il dit d'un ton de voix inaccoutumé, vous venez d'offrir au maître de la vie et de la mort le sacrifice de votre père chéri ; mais voici un dédommagement : ce nouveau-né sera votre gloire et l'honneur de l'Eglise. » Bien que les parents de Joseph eussent de la peine à se persuader que Dieu lui-même s'était expliqué par l'organe du bon prêtre sur la destinée de leur enfant, le souvenir de cette promesse ne laissait pas que de faire un heureux contre-poids aux peines et aux sollicitudes de la première éducation. L'Esprit-Saint veut qu'on prenne en grande considération la sentence d'un vieillard (1).

D'un autre côté, il devenait désormais impossible de refuser à Joseph certaines qualités que les natures les plus riches d'ailleurs ne possèdent pas toujours, et qui sont une précieuse ressource pour le précepteur de l'enfance : je veux parler principalement de sa droiture d'âme et de son exquise sensibilité.

Qu'on se représente un enfant placé entre son intérêt propre et le respect du devoir : ici, l'attrait

(1) Ne despicias narrationem presbyterorum sapientium, et in proverbiis eorum conversare. (*Eccli.*, VIII, 9.)

de la gloire, du plaisir, de la nouveauté ; là, une obligation dont on peut s'affranchir ou des ordres qu'on peut transgresser impunément. Une victoire ainsi disputée reste-t-elle d'ordinaire à l'obéissance? Joseph ne comprenait pas qu'il en fût autrement ; contentons-nous de rapporter à ce propos le fait suivant : on lui avait préparé un costume qui le charmait et dans lequel il devait paraître à une procession de la Fête-Dieu. Or, peu de temps auparavant il commit une sottise assez grave, et sur-le-champ sa mère lui signifia qu'il serait retenu à la maison le jour de la cérémonie. Ce châtiment fut pour lui si douloureux, qu'au moment où la procession passait, la bonne, tout émue, lui offrit de le conduire secrètement à un endroit d'où il pourrait l'apercevoir : « Non, non, répondit-il, ce ne serait pas dans l'ordre, et vous, vous risqueriez d'être punie pour moi. »

La délicatesse des sentiments égalait chez lui la franchise et la droiture du caractère. Il avait conçu pour son aïeule paternelle, dont la main avait caressé et béni ses premiers ans, une tendresse extrême ; avec elle il s'occupait à peine de ce qui occupe perpétuellement l'enfance ; on le vit, après la mort de cette digne et sainte femme, tourner

2

autour du lit où elle avait rendu le dernier soupir, répétant d'une voix lamentable : « Où êtes-vous, bonne maman? Bonne maman, où êtes-vous? » Joseph se plaisait à voir sa bourse dans un état prospère ; mais il avait avec lui un voleur dont il ne savait pas se défier et qui entretenait avec certaines gens des correspondances secrètes. Les correspondants étaient les pauvres, et le filou son excellent cœur. A la pensée qu'il avait blessé quelqu'un, ses espiègleries les plus charmantes, bien loin de flatter son amour-propre, excitaient ses regrets. Ainsi en arriva-t-il en particulier un jour qu'il s'était amusé aux dépens d'un petit camarade aveugle : il alla ensuite l'embrasser, se confondit en excuses, et depuis ce moment ne laissa passer aucune occasion de le défendre ou de lui rendre service. J'aime ce mot d'un ancien sage : « L'âme humaine est dans le cœur, comme l'araignée dans sa toile (1). » Il signifie que quand le cœur est d'un accès facile, l'âme est vite au pouvoir de celui qui se présente pour la former.

Il était à propos de grouper ici ces détails, dont l'ensemble constitue, si j'ose le dire, le côté sail-

(1) Anima est in corde sicut aranea in suâ telâ. (ARISTOTE.)

lant et vraiment intéressant de la physionomie de Joseph. Désormais, en effet, la face qui s'est produite d'abord sous une foule de traits plus ou moins disgracieux, demeurera dans l'ombre pour s'y effacer de plus en plus, et les dons intérieurs et extérieurs dont le Ciel a enrichi ce jeune prédestiné iront se développant sensiblement.

Nous sommes arrivés en 1832 et 1833. Durant ces deux années, Joseph Ducat étudie le français, les premiers éléments du latin et le calcul, dans les pensions de MM. Boichard et Babey, hommes estimables, dont plusieurs familles peuvent encore se rappeler le dévouement et les services. Ce n'est point sans peine, il est vrai, qu'ils achèvent l'œuvre de réforme et de bonne direction commencée sous le toit paternel. De temps en temps, Joseph se mutine encore ; la règle est un cercle étroit d'où il voudrait s'échapper, comme l'oiseau qui se heurte aux parois de sa cage : il lui arrivera même une fois de se plaindre, à propos d'une retenue, *que la justice soit bannie de ce monde*, et il ne consentira à subir ce châtiment que sur l'ordre exprès de sa mère. Néanmoins, il est facile de voir qu'aux approches de la première communion, cette jeune existence tend à se dégager d'elle-même pour se mettre sous l'influence plus immédiate de la grâce. « Vienne donc enfin ce jour où je recevrai l'hostie sainte ; elle seule triomphera du démon qui est en moi (1)! » Cette parole extraordinaire dans la bouche d'un enfant de onze ans, est moins un cri de détresse qu'un chant de victoire. A partir de ce moment, les intervalles de bien sont plus fréquents et plus longs. On le voit alors, tantôt préparer de petits dessins, qu'il met sous les yeux de ses parents comme une preuve de sa bonne volonté, tantôt s'épanouir au milieu de quelque fête de famille, ou encore écrire à sa marraine des lettres charmantes, où s'expriment tour à tour la naïveté et la tendresse. Cette chère Nathalie est maintenant à Paris; c'est bien loin, bien loin ! et il a beau dire qu'il l'embrasse, *cela n'est pas réel.* — Il apprend avec joie qu'elle occupe un rang honorable dans sa classe, mais son bonheur serait plus grand encore si, au lieu de recevoir des nouvelles indirectement, il les recevait de première main. — Puis, voici qu'un malaise survient à cette bien-aimée sœur : ah ! il veut beaucoup prier pour elle; et afin de lui

(1) Manuscrit envoyé de Constantine par le P. Henri Ducat.

ménager une distraction qui la soulage, *il lui envoie un essai d'ombre où il a mis des soins minutieux* (1). En suivant ainsi Joseph durant la seconde phase de son enfance, on se représente volontiers Jésus-Christ dardant sur cette âme d'élite les rayons de son amour, l'éclairant et l'échauffant de plus en plus à mesure qu'il s'en approche, jusqu'à l'heure tant désirée de part et d'autre où l'union doit se consommer.

Au commencement de cette année 1834, chaque membre ou ami de la famille se préoccupait de la grande affaire de la première communion : nous apprenons de la bouche même d'un prêtre qui était alors vicaire à Saint-Pierre de Besançon, avec quel zèle on seconda les bonnes dispositions et les efforts de Joseph. « Je dois dire d'abord que cet » enfant me donnait pleine satisfaction par sa te- » nue au catéchisme, et que ses réponses, toujours » justes, souvent puisées dans la réflexion plutôt » que fournies par la mémoire, annonçaient déjà » cette vigueur d'esprit que ses maîtres lui recon- » nurent dans la suite. Mais je lui accorderais trop » et serais injuste envers d'autres, si je ne ren-

(1) Lettres à Mlle Nathalie; 14 janvier et 26 février 1834.

» dais hommage dans cette occasion à son père » et à sa mère, qui l'environnèrent de soins, aux » personnes pieuses qui prièrent pour lui. Heu- » reux les enfants que des mains amies viennent » ainsi parer lorsque Jésus-Christ les appelle (1) ! »

Ce fut le 16 mars que Joseph Ducat se rendit à cette douce invitation du Sauveur : *Envoyez-moi les petits enfants, héritiers du royaume des cieux* (2). Quelques jours auparavant, deux lettres annonçaient la bonne nouvelle à Mlle Nathalie. Mme Ducat avait voulu lui raconter les combats que son jeune frère s'était livrés pour devenir doux comme Jésus ; et Joseph n'avait pas cru pouvoir s'approcher de la table sainte sans obtenir un pardon de sa marraine, et en signe de ce pardon une bénédiction. « Je te demande grâce, lui écrit-il, pour toutes les peines que je t'ai faites en ne t'obéissant pas quand tu me commandais quelque chose dans mon intérêt : surtout, pardonne et oublie ce moment de colère où je voulais t'étrangler, et bénis ton petit filleul. »

Il est inutile de dire que le jour de la première

(1) Lettre de M. l'abbé L***.
(2) *Matth.*, XIX, 14.

communion fut un jour de fête. En ce jour, la famille pieuse offre l'aspect de ces demeures fortunées de Jéricho et de Béthanie où allait jadis se reposer le Sauveur des hommes. Ce sont les épanchements d'une joie calme et franche, des témoignages d'amitié, d'agréables scènes où le jeune communiant a toujours le principal rôle, de chrétiennes et édifiantes agapes auxquelles viennent s'asseoir les proches et dont les indigents recueillent une part. M. et Mme Ducat tinrent à ce que rien de tout cela ne fît défaut. Quant à Joseph, il pouvait dire et disait en effet avec le psalmiste : *Le Seigneur m'a établi dans un lieu fertile, auprès d'une eau qui suffit à tous mes besoins : il a converti mon âme et m'a conduit par les sentiers de la justice pour la gloire de son nom* (1).

(1) Ps. XXII, 1, 2, 3.

CHAPITRE II.

M. Ducat est envoyé à Lyon dans une maison de commerce. — Détails sur sa position, extraits de sa correspondance. — Son retour à Besançon en 1839. — Deux circonstances déterminent son entrée au séminaire. — Premières leçons de latin.

Les deux années qui suivirent la première communion de Joseph ne nous fournissent que de rares incidents. En 1835 et en 1836, il suivit avec Henri, son aîné, la classe de français du lycée de Besançon. Les témoignages flatteurs que son application lui valut, les progrès qu'il fit, sa bonne conduite à la maison, où il prenait à cœur de se rendre utile à ses deux plus jeunes frères, durent être et furent en effet considérés comme les prémices d'une vie nouvelle. M. et Mme Ducat lui en exprimèrent leur satisfaction et lui proposèrent, à titre de récompense, le voyage de Paris. C'était ce qu'on pouvait lui offrir de plus agréable. Paris était dans son imagination un monde de merveilles ; il trouverait là une sœur dont l'éloignement laissait au fond de son cœur un vide immense ; qui sait ? peut-être qu'un instinct secret l'attirait vers cette capitale où quinze ans plus tard nous le verrons prendre la croix et le bâton de l'apôtre !

Du reste, ce voyage ne devait pas être pour Joseph seulement une source de jouissances. Mlle Nathalie, qu'on visita d'abord, eut occasion d'admirer l'action de la grâce chez son jeune frère, et au retour des voyageurs, toute la famille se plut à reconnaître les heureux résultats d'un encouragement donné à propos. Nous lisons dans une lettre adressée à Mme Ducat quelques jours auparavant : « Soyez convaincue, ma chère mère, que » l'argent dépensé pour me procurer un honnête » et légitime plaisir, ne sera pas perdu. Si j'ai fait » des efforts sur moi-même afin de mériter la ré- » compense, j'en ferai désormais de plus grands » encore pour vous témoigner ma reconnaissance » et assurer votre bonheur (1). »

Cependant, le temps était venu de se préoccuper d'une carrière. Après avoir travaillé encore quel-

(1) Lettre du 12 mai 1836.

ques mois à la maison, Joseph manifesta le désir d'entrer dans le commerce; il fut décidé qu'on le placerait à Lyon. M. Ducat se disposait à l'y conduire, lorsqu'une circonstance imprévue vint ajourner le départ et détermina son entrée provisoire à la banque de M. Amet. Il put faire là une sorte d'essai, et d'un autre côté ses pieux parents ne manquèrent pas de profiter de ce retard pour le prémunir contre la séduction. Certains chefs de famille sont impatients de voir grandir leurs enfants ; plus soucieux du surcroît que de la chose nécessaire, ils les lancent prématurément au milieu du monde, au risque de voir se vérifier pour eux ces paroles de saint Grégoire : « Un vent glacial a soufflé, et la fleur qui promettait au jardin son éclat et au jardinier son parfum, s'est flétrie tout à coup ; il n'en reste plus qu'une tige inclinée sur la voie (1). » Bien différentes étaient les dispositions de M. et de Mme Ducat à l'égard de leur fils : rien de ce que la fortune peut offrir ne les aurait

(1) Flos recens germinans, qui nondùm totus è cubiculo emicabat, subitò contabuit...; ipse circùm se diffluens in pulverem redigitur, nulli decerptus, nulli plexus in coronam. (*Oratio de obitu Pulcher.*)

charmés, s'ils avaient dû donner son âme en échange. Au reste, la maison choisie pour l'apprentissage de Joseph offrait à la sollicitude paternelle de solides garanties.

Il s'y rendit au mois d'avril 1837. Presque aussitôt après s'ouvre entre lui et sa famille une correspondance suivie, dont les détails, tantôt naïfs et pleins de charmes, tantôt graves et sérieux, trouvent ici leur place. La position faite à Joseph lui paraît d'abord avantageuse et sûre : « Voici » l'ordre du jour, écrit-il à sa sœur, dans la » maison de M. Rousselon ; à sept heures, quand » tout le monde est debout, on fait la prière à » haute voix ; après quoi, chacun attaque sa be- » sogne. De même qu'il n'y a qu'un oratoire pour » la réfection des âmes, il n'y a non plus qu'une » salle à manger et une seule table pour la réfec- » tion corporelle. Les travaux de la journée sont » couronnés par une lecture pieuse et l'exercice » du soir commun à tous les chrétiens : c'est le » patron lui-même qui préside, et il le fait avec » une dignité de grand-prêtre. Ici, vous le voyez, » la religion est en honneur ; outre cela, il y a du » bon ton, des prévenances, et, en ce qui me con- » cerne, une sorte de paternité dont le charme

» trompe mon exil (1). » Il est permis de croire, après un tel début, que Joseph Ducat suivra d'un pas ferme la carrière du négoce. Plusieurs des lettres qui suivirent témoignent en effet de son activité, de l'intérêt qu'il prend à la chose et de son aptitude. Souvent aux labeurs de la journée succède la fatigue des veilles, mais il travaille volontiers : « J'appelle choses nécessaires, dit-il, le mou-
» vement, l'occupation et la peine. Indépendam-
» ment du fruit qu'on en retire, ce sont des pré-
» servatifs contre l'ennui, des vents violents qui
» dissipent les illusions et les rêves de jeunesse,
» des digues puissantes à opposer aux tristesses
» de la vie (2). » Si quelque événement extraordinaire se passe, Joseph ne l'envisage qu'au point de vue de son commerce ; écoutons-le raconter les troubles de Lyon : « Voici, à propos de la saint
» Philippe, des placards incendiaires ; les négo-
» ciants inquiets se rassemblent, on parle de fail-
» lites.—Ralentissement sensible dans les affaires.
» — Quand cela finira-t-il (3) ? » Une seule chose

(1) Lettres de M. J. Ducat, 19 avril 1837, 27 avril 1837, mai 1837, 3 octobre 1837.
(2) Lettre écrite en mai 1837.
(3) Lettre du 27 avril 1837.

était de nature à éloigner de lui les pratiques et la vogue ; c'était le manque de cette affabilité purement extérieure dont le commerçant se revêt comme d'un costume d'office et qu'il dépose après avoir expédié le dernier chaland. La loyauté de son caractère, en effet, s'accommodait peu de cette contrefaçon de la douceur chrétienne : « Il » faut sans doute que j'unisse l'amabilité au » travail, écrivait-il; vous me le dites, et je le » sens ; mais je ne veux pas lever l'obstacle à » mon succès en ajustant un voile sur ma figure, » ni réaliser des bénéfices en jetant à droite et à » gauche ces assignats sans valeur qu'on appelle » compliments. Une politesse sincère, une bonté » qui ait ses racines dans le cœur et dont les fruits » soient pour tout le monde, voilà le but de mes » efforts, en attendant que ce soit ma devise et » mon enseigne (1). »

Cependant, malgré le rare bonheur d'un apprentissage sans péril et la perspective d'un avenir presque sans nuage, le jeune Ducat ne pouvait s'empêcher de regarder quelquefois en arrière. Circonstance extraordinaire, et qui prouve que Dieu

(1) Lettres du 17 septembre 1838 et du 20 avril 1839.

ne l'abandonnait point à lui-même ni au cours naturel des événements : au milieu du flux et du reflux perpétuel où s'écoulait son existence, un autre ordre de choses lui apparaissait de temps en temps comme un point fixe, et alors il se plaisait à rêver. La splendeur des fêtes que l'Eglise célèbre, le bonheur de visiter le pauvre et de porter au fond des cachots un peu de pitié, les avantages du foyer où les affections sont pures, une foule d'autres sentiments non moins élevés et d'images d'une ravissante fraîcheur, le captivaient tout entier. En ces heures de vision et de grâce, Joseph n'était plus du monde ; « une main mystérieuse le retirait doucement de la voie commune pour lui imprimer une autre direction (1). »

La troisième année de son séjour à Lyon, ce vague besoin de changement, ces aspirations mal définies, ce malaise d'une âme qui n'a point encore trouvé son centre, devinrent plus fréquents. Après y avoir mûrement réfléchi, il en écrivit à sa sœur, lui déclarant sans trop de détours que le joug commençait à lui paraître lourd et l'exil

(1) Ecce ades et constituis nos in viâ tuâ, et consolaris et dicis . Currite, ego feram. (AUGUST. *Confession.*, VII, I.)

long [1]. De leur côté, M. et Mme Ducat n'étaient point fâchés de rendre à la vie et aux habitudes de famille un enfant dont ils ne s'étaient séparés qu'à regret. Ils l'autorisèrent donc à revenir à Besançon, à condition qu'il passerait une partie de son temps au magasin de M. Prével, pour y achever à loisir son stage de négoce. Joseph s'écria en recevant cette permission : « Dieu soit béni, un vœu que j'osais à peine exprimer est exaucé et satisfait ! Il n'y a plus rien entre le fer et l'aimant [2] ! » Quant à la condition posée à son retour, il l'acceptait avec soumission et promettait de déployer au service de son nouveau patron le même zèle que chez les précédents. Ni lui, ni à plus forte raison ses parents, n'avaient encore soupçon de ce qui arriverait bientôt.

Deux circonstances en décidèrent. Déjà M. Ducat, rentré dans sa ville natale, y continuait l'emploi dont il s'était si dignement acquitté à Lyon. Si nous le suivions pas à pas et dans le détail, nous aurions chaque jour sous les yeux l'édifiant spectacle d'une piété qui s'applique à sanctifier le

(1) Lettre du 13 octobre 1839.
(2) Lettre du 17 novembre 1839.

voyage, d'un courage que le respect humain ne fait jamais fléchir, et d'une délicatesse qui s'impose des privations lorsque le chiffre des bénéfices est faible. Mais il convient de sacrifier ici les incidents pour saisir les traits principaux et en quelque sorte providentiels. Le premier est une rencontre que fit M. Ducat. Un malheureux ecclésiastique, ayant oublié ses devoirs, venait de subir une condamnation et se trouvait entre les mains de la justice. En pareil cas l'enfer triomphe et l'impiété se réjouit avec lui : Joseph songe à l'Eglise, qui pleure, et mêle ses larmes aux siennes. Ne faut-il pas en effet environner cette auguste Mère de ses filiales et respectueuses condoléances, quand après avoir épuisé toutes les mesures de sagesse, multiplié les secours, versé l'huile sainte à corne pleine, comme Samuel chez le Bethléémite (1), elle voit quelques-uns de ses ministres tomber dans l'opprobre ? Est-il noble, ou même seulement honnête, de recueillir les ignominies dont un seul prêtre s'est couvert, de les répandre sur tout le sacerdoce et de personnifier dans le corps ainsi défiguré l'Epouse immaculée de Jésus-Christ ? Il conviendrait d'ailleurs de

(1) *I Reg.*, XVI, 13.

se rappeler que l'onction, en imprimant un caractère sacré, ne donne ni un bouclier contre les occasions périlleuses, ni l'impeccabilité de l'ange. On devrait aussi savoir que le vice étant effronté et la vertu modeste, il y a toujours plus d'éclat et de mouvement autour d'un seul coupable, que d'admiration autour de cinquante justes ; puis, sans nier que la sainteté de la vocation sacerdotale rend un écart plus révoltant, nous n'en sommes pas moins autorisé à soutenir que la loi et le devoir sont pour tous les états ; or, c'est dans l'état ecclésiastique qu'ils sont le plus respectés : pourquoi lui jeter la première pierre, et après celle-là les autres encore? Quelques-unes de ces pensées, il est permis de le croire, se présentèrent à l'esprit de M. Ducat, en même temps qu'un sentiment de tristesse vint pénétrer son cœur. Mais ce spectacle douloureux lui arracha aussi une parole que Dieu dut entendre et mettre dans la balance de ses destinées : « Voilà » un déserteur, dit-il ; on ne descend si bas qu'a- » près avoir abusé de grandes grâces ; eh bien, » je demande pour moi les grâces dont il n'a point » voulu et m'offre à prendre sa place. » Depuis ce moment, en effet, Joseph ne douta presque plus de sa vocation : nous en avons la preuve dans les notes recueillies après sa mort, où parmi les personnes dont le salut l'intéresse spécialement, figure le nom du transfuge *auquel il sentit un jour que Notre Seigneur venait de le substituer.*

Un autre fait qui influa, sinon plus réellement, au moins plus immédiatement, sur la détermination de Joseph Ducat de commencer des études ecclésiastiques, fut l'entrée d'Henri, son aîné, au séminaire de Marnay. M. Henri Ducat avait pratiqué quelque temps le travail de bureau : l'estime dont il jouissait, la facilité avec laquelle il pouvait remplir ses devoirs religieux, ses relations intimes avec un vertueux ami, M. Ripps, qui épousa plus tard Mlle Ducat, lui avait rendu la position assez agréable. Dieu ne voulut pas lui laisser le temps de se créer un bien-être dans le monde : il lui ordonna de lever sa tente. A la nouvelle que ce frère bien-aimé allait s'éloigner de lui, Joseph céda à une première impression de chagrin, et une scène touchante se passa entre les deux. Jusqu'au départ cependant on parvint à imposer silence aux réclamations de la nature, en leur opposant les saintes et fortes pensées de la foi : quand fut venu le jour de la séparation, il fallut oublier au milieu des distractions une absence dont la pensée et le souvenir eussent été insupportables. Or, cette année, 1840, les esprits étaient aux affaires d'Orient et à la guerre de Suisse. D'une part, chacun suivait avec intérêt les chrétiens du Liban que l'amour de la religion et de la liberté venaient d'armer contre le vice-roi d'Egypte; les efforts des protestants suisses, qui tendaient à opprimer nos frères en révisant la constitution dans un sens anti-catholique et en imposant violemment à Lucerne un gouvernement huguenot, inspiraient d'un autre côté de sérieuses inquiétudes. M. Ducat vit dans l'étude de ces deux questions et de toutes celles qui s'y rattachaient, un excellent moyen d'opérer une diversion; il s'y appliqua. Un jeune homme est excusable lorsque, pour oublier des sujets de peine, auxquels tant d'autres cherchent une compensation dans le plaisir, il se livre aux amusements de son âge; mais il paraît digne d'admiration et d'éloge quand, s'élevant plus haut, il parvient à tromper son ennui ou à endormir ses tristesses en prenant part aux occupations de l'âge mûr.

Mais l'époque des vacances avait ramené Henri Ducat à Besançon. Ce retour, si ardemment attendu d'ailleurs, arracha Joseph à la politique et le jeta de nouveau au milieu des pensées inquiètes dont il semblait s'être affranchi. Plusieurs fois il se plaignit amicalement à son frère des inégalités du sort : pourquoi l'un dans les ténèbres et l'autre sur le sentier lumineux que suivent les justes? De quel droit le ciel à Bernard, et à Guido, *le petit déshérité*, la poussière de la terre? Un soir surtout son état de souffrance et de trouble dégénéra en une sorte d'exaltation fébrile : « Henri, s'écria-t-il, » mon cher Henri! je veux la paix de l'âme. La » paix! la paix! je me vends à celui qui me l'of- » fre! » Et en disant ces mots, Joseph inondait son frère de larmes. Ce dernier effort brisait le dernier lien. Deux mois après, M. Ducat étudiait les éléments de la langue latine. Il avait alors dix-neuf ans.

Un jeune employé instruit et capable, qu'il avait trouvé en entrant dans la maison Prével (1), voulut bien seconder sa bonne volonté et ses efforts : chaque jour, l'heure consacrée auparavant à une honnête récréation fut employée à l'étude des premières pages de la grammaire, et plus tard à l'explication de la syntaxe. Le soir, Joseph, rendu

(1) M. Coste, aujourd'hui commerçant à Besançon, à l'obligeance de qui nous devons les détails qui suivent.

à lui-même, se renfermait dans sa chambre, et là, appuyé sur le livre qui est l'effroi de tous les commençants, protégé bien ou mal contre les rigueurs de l'hiver, il cherchait à graver dans son esprit la leçon du précepteur. Bientôt vint le moment de traduire : les traductions latines prouvèrent que les règles avaient été bien saisies ; le jeune Ducat choisissait mal le mot, mais donnait à sa phrase une construction régulière. Quant à la traduction française, les difficultés qu'il croyait d'abord y rencontrer furent vaincues encore plus facilement ; grâce aux lectures de tout genre dont il avait nourri son esprit, à ses connaissances en histoire et surtout à la rectitude de son jugement, dans l'espace d'une année il put atteindre le dernier chapitre des *Commentaires* de César.

Après un tel essai, on ne crut pouvoir refuser à M. Joseph Ducat la faveur de continuer ses études dans un séminaire. Il quitta donc la maison Prével, dont les intérêts exigeaient l'emploi de la plus grande partie de son temps, et, par un travail ininterrompu désormais, acheva de s'ouvrir une classe en rapport avec son âge, qu'il appelait ingénûment la *onzième heure du jour*. M. Prével sentit et déclara, à cette occasion, qu'il faisait une grande perte ; le précepteur de Joseph sembla regretter un instant d'avoir hâté le départ d'un excellent ami en consentant à devenir son maître ; mais, tandis que l'homme propose, Dieu veut et sa volonté s'accomplit (1).

Peut-être serait-il permis de considérer comme une nouvelle manifestation de cette volonté sainte, la coïncidence, au moins singulière, qui signala l'entrée de Joseph à Marnay. C'était le 2 février 1844. Ce jour-là le prêtre dont Joseph allait devenir l'élève récitait à haute voix l'office de la Purification. A l'instant où sa porte s'ouvrit au nouveau venu, il prononçait ces mots : *Ecce venio ut faciam, Deus, voluntatem tuam* (2) !

(1) Cor hominis disponit viam, sed Domini est dirigere gressus. (*Prov.*, XVI, 9.)

(2) Voici que je viens, mon Dieu, parce que telle est votre volonté.

CHAPITRE III.

Entrée de M. Ducat au séminaire de Marnay. — Son amour de l'étude. — Ses rapports avec ses maîtres et ses condisciples. — Sa piété. — Premiers symptômes de la vocation apostolique. — Il quitte le petit séminaire pour l'école de philosophie. — Quelques détails sur son séjour à Vesoul.

On comprend sans peine quels durent être les sentiments de Joseph et de Henri Ducat lorsqu'ils se virent réunis. Les hommes faibles eux-mêmes se sentent garantis contre leur propre infirmité et délivrés de l'impression pénible qu'elle leur causait, le jour où ils se rapprochent ; ainsi parle la sagesse antique (1). Or, ici, ce sont des frères doués d'un caractère grand et généreux que la Providence fait entrer dans la même voie et dirige vers le même but. Henri s'empressa d'annoncer à sa

(1) Conjuncti pollent, etiam vehementer inertes. (*Un ancien.*)

famille la bonne venue, et Joseph écrivit que celui qu'on avait jeté dans le moule pour faire un négociant, en était décidément sorti avec les goûts et les traits d'un jeune séminariste.

Nous pouvons résumer d'un seul mot l'histoire de M. Ducat depuis son entrée aux études jusqu'au moment où, l'espoir fondé de devenir missionnaire influant sur ses pensées et ses actes, tout l'ensemble de son existence prit pour ainsi parler une physionomie nouvelle : ce fut un bon élève. Le jeune étudiant de nos séminaires qui veut mériter ce titre, si commun en apparence, a bien des conditions à remplir. Son application à l'étude doit être exemplaire; son obéissance prompte, sans servilité ni affectation; son amitié pour le voisin pleine de franchise. Il faut de plus une piété solide et éclairée plutôt que sensible et tendre. Les exclamations et les larmes, les sentiments qui ne se traduisent pas en actes, et le zèle de la maison de Dieu dont on ne sait pas concilier la pratique avec les devoirs de l'écolier, inspirent de la défiance et non de la sympathie. On peut le dire hardiment, le vrai séminariste ne se trouve que là où se sont rencontrées une volonté énergique et une grâce de choix.

Cette rencontre mystérieuse de la grâce et de

la volonté avait eu lieu pour Joseph Ducat : une retraite venait de signaler son début, et il s'y était appliqué de son mieux à la méditation des vérités de la foi. Les fins dernières particulièrement, ces quatre grands astres de l'ordre surnaturel, avaient répandu sur son âme une abondante lumière. Aussi représenta-t-il dès lors trait pour trait l'admirable type dont nous parlions tout à l'heure.

Son goût pour le travail, déjà si prononcé, s'accrut encore sous la direction de maîtres habiles et l'influence de l'exemple. Il se plaignait de la rapidité du temps, des lenteurs de la science, de la difficulté de contenter à la fois et sa conscience par l'accomplissement parfait du devoir de l'étude, et son cœur par une correspondance suivie (1). Souvent, lorsque ses condisciples s'ébattaient joyeusement dans la plaine, lui, muni d'une permission qu'il avait obtenue en prétextant son infériorité ou la pesanteur de son intelligence, prenait son repos comme autrefois un jeune saint, *in angulo cum libello* (2). C'est une bien noble passion que la pas-

(1) Lettres écrites de Marnay, 16 mai 1844, 10 août 1845, 8 décembre 1845, 13 février 1846.

(2) Dans un coin avec un livre.

sion des livres ; elle éteint toutes les autres ! Les païens eux-mêmes le comprirent : « Vous échapperez, jeune homme, aux ardeurs qui dévorent, dit l'un d'eux, si avant le jour vous demandez vos tablettes et un flambeau, pour appliquer votre esprit à quelque chose d'honnête (1). »

Les rapports de Joseph avec ses maîtres et ses condisciples étaient pleins de charme. Comme il était en face de l'autorité respectueux et docile, à l'étude silencieux, en classe attentif, partout à la règle, non-seulement les supérieurs n'avaient point à user à son égard de procédés violents, mais ils le traitaient avec une sorte de déférence. D'un autre côté, il entendait si bien la vie de communauté et parlait avec tant de rondeur la langue de l'écolier, que le crédit dont il paraissait jouir et les petites attentions dont il était l'objet, n'excitaient contre lui ni hostilité ni jalousie. Chacun savait que Joseph Ducat se plaisait dans les rangs, et que s'il en sortait quelquefois, c'était pour servir l'armée et non pour la trahir. Un jour, il se produisit parmi la gent turbulente une sorte de sédition. Bon nombre d'élèves, feignant de se ré-

(1) Horat. *Epist.* lib. I, epist. ii.

créer, prirent des allures qui témoignaient de leur mécontentement et dont le but était visiblement de vexer un supérieur. M. Ducat vit de quoi il s'agissait; mais, sans paraître se douter de leurs intentions, il se mit au plus épais. A l'instant, comme si on eût compris, ou plutôt parce que réellement on comprit qu'il ne pouvait participer à un désordre, le mouvement prit un autre caractère.

Une âme vive et ardente se prête volontiers au sentiment de la piété chrétienne : telle était, on le sait, l'âme de M. Joseph Ducat. A dire vrai, sa piété n'eut rien d'éclatant ; sauf certaines circonstances où, tout occupé en qualité de sacristain de l'ornementation des autels, il ne songeait point à dissimuler la joie dont son cœur surabondait, jamais on ne put le distinguer de ceux que rien ne distingue. Seule, la correspondance qu'il entretint alors avec ses parents, et dans laquelle il a laissé pour ainsi dire son âme de jeune lévite, autorisa à croire que déjà l'onction de l'Esprit-Saint opérait en lui des merveilles. Citons : il s'agit de la bonté de Dieu et de la reconnaissance que nous lui devons : « Regardons derrière nous, devant nous,
» au-dessus de nous, à côté de nous, partout nous
» voyons le doigt d'un Dieu prodigue. Au milieu

» des fleurs, il y a sans doute des épines, mais ces » épines mêmes, Dieu les jette sur notre voie pour » nous obliger à marcher vers la patrie d'un pas » plus léger et plus rapide. Oh ! que ma langue » s'attache à mon palais, si jamais le Seigneur » doit cesser d'être mon premier amour ! » — A propos du sacré mystère de nos autels et des honneurs qu'on lui rend : « C'est à qui suivra un » prince qui passe : l'homme du monde dit à » l'homme du monde : *Je l'ai vu de près, il m'a* » *regardé !* Juste ciel ! et après s'être ainsi pressé » sur les pas d'un autre soi-même, on ose à peine » grossir le cortége triomphal du divin Roi !... » Pour moi, c'est de Jésus lui-même que je me » plais à dire : *Il s'est approché de ma chétive per-* » *sonne.* Hier encore il entrait dans nos cours et » venait nous bénir au milieu de ce clos où nous » faisons, trop souvent sans songer à lui, nos » bruyantes évolutions. J'aurais voulu en ce mo- » ment prendre les cœurs de tous mes condis- » ciples, les fondre en un seul cœur et coller ce » pauvre cœur à son adorable cœur ! » — A la louange de notre céleste Mère : « Voici, voici la » demeure de Marie ! c'est un oratoire simple et » sans apparence, mais sa gloire est au dedans.

» On y trouve une Vierge très pure, très fidèle, » très clémente, et avec elle, la suavité qui tempère les amertumes de la vie, l'appui dont on a » besoin, un sourire devant lequel fuient nos tris» tesses. Ah! l'impie a beau dire, jamais il ne » m'offrira rien qui vaille et ma foi de catholique » et le culte de Marie (1). » Ces extraits, comme beaucoup d'autres passages qu'on pourrait reproduire, révèlent sans doute une intelligence vigoureuse, mais beaucoup plus encore un cœur que la piété purifie et attendrit. Saint Chrysostôme prétend avec raison que l'élément des âmes étant l'union avec Dieu par la prière, il faut y jeter celles qui ont besoin d'activité et de vie (2).

Mais ce ne serait voir et signaler qu'en partie l'action d'en-haut durant cette phase de la vie de M. Ducat, que de se renfermer dans l'étude de ses qualités et de ses vertus. Tandis qu'il mettait à profit les grâces communes, une autre toute spéciale faisait éclore en lui les premiers indices de la vocation apostolique. Ce ne fut d'abord qu'un signe

(1) Lettres écrites de Marnay, 3 juin 1846, une autre de la même année, 8 décembre 1844, 4 mai 1845, etc.

(2) S. Chrys. *Homil. II de precat.*

sans rapport direct et immédiat avec la chose, mais on sait comment il plaît à Dieu de procéder dans l'accomplissement de ses œuvres particulières, aussi bien que de ses plus vastes desseins : de même que les harmonies du monde sont préparées par le chaos, la plénitude de la révélation par une conversation familière avec le premier homme, et le grand arbre de l'Eglise par le grain de senevé, ainsi, quand il s'agit de chacun de nous, Dieu pose de faibles commencements et arrive à ses fins miséricordieuses par un imperceptible progrès. D'ailleurs, pour nous qui connaissons la suite de cette histoire, les moindres symptômes d'apostolat, si je puis m'exprimer de la sorte, acquièrent de l'importance. M. Joseph Ducat n'avait point encore terminé sa rhétorique, qu'à propos de l'état de certaines contrées encore infidèles, de la neuvaine de saint François-Xavier, de l'œuvre de la Propagation de la foi, il sentait son âme tressaillir (1), et que d'un autre côté, la part la

(1) Lettres de M. Ducat, 4 janvier 1845, 25 janvier 1845, mars 1845, 9 novembre 1845, 3 janvier 1846. Cette même année 1846, Joseph écrivait à un de ses frères, M. Alfred Ducat, aujourd'hui architecte à Besançon : « Je brûle de » répandre la foi au milieu des infortunés qui ne la con-

plus minime prise au salut de ses frères en Jésus-Christ équivalait pour lui aux plus brillants succès.

Ce zèle précoce, ou pour mieux dire cette passion des âmes, parut notamment dans deux occasions. Joseph Ducat avait accepté d'être parrain de confirmation d'un de ses condisciples. D'autres eussent pu n'attacher à ce titre qu'un peu d'honneur; lui y attacha de sérieuses obligations. Sa sollicitude accompagna l'enfant pendant tout le temps qu'ils vécurent ensemble, ses conseils le dirigèrent, son expérience éloigna de lui *la flèche qui vole et les attaques du démon du midi* (1). Après leur séparation, il continua par lettres son ministère de dévouement et de charité, en sorte qu'aujourd'hui le filleul, devenu prêtre, bénit Dieu de n'avoir jamais eu à conduire seul la barque si fragile et si menacée du premier âge (2).

» naissent pas : ma patrie a tous les moyens nécessaires
» d'arriver à la science des vérités chrétiennes et de s'y
» affermir; mais tant de peuples qui ont soif de ce dont nous
» jouissons sans l'apprécier, que deviendront-ils si per-
» sonne n'arrive jusqu'à eux? Où en serait notre province
» si Ferréol et Ferjeux eussent craint de quitter Athènes? »

(1) *Ps.* XC, 6.

(2) Lettre de M. l'abbé Q***, professeur à Ornans, juillet 1862.

Pendant les vacances d'automne 1845, il fut encore donné à Joseph de travailler au bien spirituel de ses plus chers prochains. Un vieux négociant qui avait des titres à sa reconnaissance et à son respect, tomba dangereusement malade : c'était un de ces chrétiens dont la foi, sans être éteinte, a cessé d'être pratique ; il ne voulait point entendre parler de confession. A cette nouvelle, M. Ducat n'écoute que son cœur et sa foi : après avoir prié, il court chez le mourant : « Parrain, lui dit-il, il » y a vingt-deux ans, vous avez contribué à faire » de moi un enfant de l'Eglise ; je m'en souviens » en ce moment, et à mon tour je voudrais vous » aider à devenir un élu de Dieu. Voici d'abord un » objet que vous accepterez ; ce n'est point assez, » vous le baiserez et vous invoquerez celle dont il » porte l'image. » En même temps, il arrache de son cou une médaille de la sainte Vierge, et l'attachant au cou du malade, il continue : « Maintenant que vous êtes ceint pour entendre la vérité » sans pâlir, mon cher parrain, je dois vous » avertir que votre état est grave et qu'*il faut* » *mettre ordre aux affaires de votre maison*. En » conséquence, n'est-ce pas, je vais quérir un » confesseur. »

L'onction qui tempérait l'énergie de ce langage, et surtout la grâce divine sur laquelle Joseph avait compté, émurent profondément cet homme, jusqu'alors insensible. « Qu'il soit fait selon ta parole, mon enfant, répondit-il : quand on frappe » si fort à la porte d'un cœur, il s'éveille ; quand » on lui annonce que Marie est là, il s'ouvre. » Toutes les joies de la pénitence et du retour à Dieu vinrent illuminer les dernières heures du moribond, et justifier une fois de plus ces belles paroles d'une belle âme : « Le Dieu des chrétiens est le Dieu des métamorphoses ; vous jetez dans son sein la douleur, vous en retirez la paix ; vous y jetez le désespoir, c'est l'espérance qui surnage ; c'est un pécheur qu'il a touché, et c'est un saint qui lui rend grâce (1). »

Arrivé au séminaire de Vesoul pour y faire sa philosophie, M. Ducat sentit s'accroître encore son goût pour la vie d'étudiant. De tout temps la philosophie a plu aux esprits solides ; même alors que les rêves et les absurdités du paganisme s'y trouvaient mêlés, elle fit les délices des sages : ils l'appelaient : « un abri contre les tempêtes de la

(1) Pensées de Mme de Swetchine.

vie ; » « une noble fiancée dont les charmes sont si puissants, qu'elle peut nous dire : je ne veux point du temps qui vous reste ; vous aurez celui que je vous laisserai ; » « une envoyée du Ciel, chargée d'orner notre esprit, de régler nos actions, d'ordonner notre vie et de tenir le gouvernail à notre place dans les passages dangereux (1). » Dégagée depuis des scories qu'elle avait amassées en traversant les siècles d'ignorance, transfigurée par son alliance avec les idées chrétiennes, la philosophie est devenue en réalité digne de tous les titres que lui prodigua l'enthousiasme des anciens, et capable de procurer à ses adeptes les bienfaits dont il lui fit trop gratuitement honneur.

Il faut distinguer, je le sais, entre la science transcendante de saint Augustin et de Bossuet et les études philosophiques qu'on pratique communément, soit seul et par goût, soit sous la direction d'un maître : mais, même dans une sphère abaissée et rétrécie, l'homme grave rencontre encore de quoi se satisfaire. La première partie de ces études a pour objet de déterminer les lois du raisonnement et d'habituer l'esprit à suivre ponctuel-

(1) SÉNÈQUE, *Epîtres à Lucil.*, ép. XVI, LIII, LXXXII.

lement ces lois ; n'est-il pas aussi agréable qu'utile de pouvoir marcher toujours vers la vérité à la lumière d'un principe? En passant de là à la métaphysique, outre qu'on élève son intelligence au-dessus de la matière et qu'on la dégage des sens, on acquiert sur Dieu des connaissances *sans lesquelles nous sommes vains* (1), et sur soi-même la notion simultanée des misères et des grandeurs de l'homme, indispensable, au témoignage de Pascal, pour vivre à égale distance du découragement et de l'orgueil. Puis, lorsqu'on en vient à observer les rapports qui existent entre le Créateur et la créature, ce n'est ni un moindre avantage ni un moindre bonheur de se convaincre par soi-même de l'harmonie intime des principes rationnels avec la raison divine et du merveilleux perfectionnement opéré dans notre volonté par sa soumission à une volonté supérieure ; d'où l'on recueille, comme dernière conséquence, cette vérité trop peu connue, que le mépris de la religion est le résultat de la faiblesse de l'intelligence ou de la perversité du cœur.

(1) Vani sunt omnes homines in quibus non subest scientia Dei. (*Sap.*, XIII, 1.)

Jeune homme naturellement grave, avide de se rapprocher de plus en plus de sa conscience et de Dieu, saintement passionné d'ailleurs pour les choses de la foi, Joseph Ducat dut entrer dans cette nouvelle phase des études ecclésiastiques avec une sorte d'élan. En effet, à partir de son entrée en philosophie, ses communications avec le dehors devinrent plus rares et semblèrent plus difficiles. Ce n'est pas que son cœur se refroidit ; même sous la lettre d'une correspondance peu soignée, il apparaît toujours aussi aimant que de coutume ; mais il était captivé par les charmes et les délices dont l'âme est abreuvée, alors que l'assoupissement des sens lui permet de se livrer tout entière à des travaux de son goût et pour lesquels elle est faite. Dans son langage, le régime de la nouvelle communauté était une douce théocratie à l'ombre de laquelle il s'était empressé de construire deux tentes, l'une destinée à la prière, l'autre à l'étude de la sagesse : « Quand j'étais enfant,
» disait-il, je croyais, comme saint Romain, sur la
» parole de ma mère, qui avait cru elle-même sur
» la parole de l'Eglise. Aujourd'hui Dieu me met à
» même d'étudier les fondements de ma croyance ;
» je le fais avec un bonheur inexprimable, car je

» sens que ma foi, sans rien perdre de sa simpli-
» cité, en devient plus solide (1). »

Considéré sous un autre point de vue, le séjour de M. Ducat à Vesoul contribua plus immédiatement encore à avancer l'œuvre de Dieu et de sa grâce. L'école de philosophie, sorte de noviciat où l'on se dispose prochainement au grand séminaire, offre aux jeunes gens un aspect tout autre que les établissements qu'ils viennent de quitter. L'exercice de piété est plus long, la règle mieux observée, la récréation moins bruyante, en un mot on commence à y réprimer sérieusement l'excès de vie extérieure, nécessaire un instant sans doute pour distraire les passions naissantes, mais en général peu propre à assurer le progrès des âmes. Un tel milieu convenait à notre futur missionnaire ; il en profita pour examiner de plus près tout ce qui se rattachait à sa vocation, résumant en trois points cette question capitale et recherchant chaque jour les raisons pour et contre, afin de les peser sous l'œil de Dieu. — Dois-je rester dans le monde, ou me faire prêtre ? — Honoré du sacerdoce, mon ministère sera-t-il le ministère ordinaire, ou l'a-

(1) Lettre du 5 juillet 1848.

postolat ? — Si Notre Seigneur m'ordonne par la bouche d'un autre Ananie *de porter son nom aux nations* (1), faudra-t-il que je passe par le séminaire des Missions étrangères ou que j'attache mon sort à la société de Jésus ?... Une position dans le monde, même avec l'aisance, la considération et les joies de la famille qu'il se plaisait à y supposer, ne put prévaloir un instant dans son esprit sur l'état ecclésiastique, vers lequel l'attiraient, entre autres choses, l'affranchissement des sollicitudes du corps, l'espérance d'une double couronne et l'exemple de son frère Henri. Il n'en fut point de même au sujet de son entrée chez les Jésuites : cette idée d'atteindre son but ultérieur et final en s'aidant de la force morale d'une illustre communauté, prit une certaine consistance : « Votre âme tout entière vient de se révéler à » moi, lui écrivit à cette époque un Père de Lyon ; » et je puis vous dire dès à présent que je ne vois » pas d'obstacle à la réalisation de votre projet. » Allez au noviciat de Dole aux vacances prochai- » nes : votre vocation y sera examinée de plus » près. Elle est assez claire pour qu'il n'y ait pas

(1) *Act.*, IX.

» de témérité à essayer, et vos bons parents con-
» sentiront, j'espère, à cet essai, qui est le vrai
» moyen de connaître la volonté de Dieu (1). »

Cependant, ni ces avances d'un côté, ni les motifs fournis d'autre part et dont l'effet avait été de les provoquer, n'aboutirent à une solution : Joseph acheva son cours de philosophie exclusivement préoccupé d'un voyage d'outre-mer. Sa famille put voir, par les dernières lettres écrites de Vesoul, qu'entre toutes les gloires, il préférait désormais celle de l'apostolat ; entre tous les noms, celui de Xavier ; entre toutes les œuvres, l'œuvre de la Sainte-Enfance ; entre tous les pays, la Chine. Une page où se trouvent résumés les sentiments et les dispositions qu'il apporta au grand séminaire, se termine par ces mots : *Et nunc, ecce ego, quia vocasti me* (2) !

(1) Lettre du P. Jordan, 1er avril 1847.

(2) Les détails que nous donnons ici sont extraits des lettres et notes écrites à Vesoul par M. Joseph Ducat.

CHAPITRE IV.

Coup d'œil rétrospectif sur l'ensemble de la vie de M. Ducat. — M. Ducat au grand Séminaire de Besançon. — Sa manière d'étudier la théologie. — Son goût pour la sainte Ecriture. — Prise de soutane. — Ordres moindres. — Sous-diaconat. — Joseph s'occupe de l'œuvre des soldats. — Prémices de son apostolat. — Le plus beau jour de sa vie.

La sagesse de Dieu se révèle avec éclat dans les œuvres de la nature : tout, depuis le brin d'herbe que mon pied foule sans que mon œil le voie, jusqu'aux immenses créations dont la voûte céleste est parsemée, a reçu une destination en rapport avec son mode d'existence, et poursuit cette fin sous l'invisible action de son auteur. Cette harmonie universelle des êtres qui tendent à la gloire de Dieu en passant en quelque sorte par un but secondaire propre à chacun d'eux, frappa si vivement les anciens, qu'ils comparèrent le monde à la harpe d'Eole.

Mais si de l'ordre physique et de cet univers visible, nous passons à la région surnaturelle des âmes, Dieu nous apparaîtra encore plus admirable et plus digne de nos louanges. L'Ecriture nous apprend que dans cette sphère élevée et mystérieuse, son intervention est pleine d'égards (1). Au lieu d'agir avec l'absolutisme d'un maître qui substitue sa loi à toute tendance comme à toute volonté, il procède avec l'autorité d'un père qui conseille et dirige, nous amenant ainsi, tantôt par une inspiration, tantôt par un attrait ou un concours inattendu de circonstances et d'événements, à la place qu'il nous destine dans son royaume. « Dieu nous tire et nous mène, non par des liens de fer comme les buffles, mais par manière d'allèchements, d'attraits délicieux et de saintes délectations, qui sont en somme les liens d'Adam et d'humanité proportionnés et convenables au cœur humain, auquel la liberté est naturelle... La grâce a des forces, mais non pour forcer; elle presse, mais elle n'oppresse pas (2). »

(1) Cum magnâ reverentiâ disponis nos. (*Sap.*, XII, 18.)

(2) SAINT FRANÇOIS DE SALES, *De l'Amour de Dieu*, liv. II, ch. XXXII.

Le saint missionnaire dont nous racontons la vie est un exemple frappant, ou, si l'on veut, un irrécusable témoin de cette douce providence de Dieu dans l'ordre spirituel. Le Seigneur le prédestinait aux héroïques travaux des missions : or, qu'avons-nous vu et remarqué jusqu'à ce moment? Joseph Ducat a reçu de la nature un de ces tempéraments ardents qui sont propres à tous les genres d'héroïsme. — Son caractère impétueux, au lieu de se porter vers la *sainte montagne de Dieu,* pouvait devenir auxiliaire et complice de passions naissantes : la première communion le dégage tellement de tout alliage impur et lui imprime un élan si vigoureux vers ce qui est grand et beau, que peu de temps après Joseph se sent déplacé au milieu du monde, même du monde honnête et, si j'ose le dire, le plus voisin de l'Evangile. — Devenu séminariste, le jeune Ducat semblait absorbé par l'étude et le désir d'acquérir les connaissances que doivent garder les lèvres du prêtre; Dieu lui jette au cœur une autre pensée : il faut devenir apôtre ! — Et cette pensée, comme le germe confié à une bonne terre, va se développant insensiblement jusqu'à dominer toutes les autres. A partir de ce moment, époque de l'entrée en théologie, ce travail de la grâce est non-seulement une réalité incontestable, mais le point culminant de cette admirable existence. C'est ce qui ressortira clairement de cette partie de notre récit où, après avoir vu se perfectionner l'éducation cléricale de M. Ducat, nous étudierons en lui le progrès de l'esprit apostolique et les faits particuliers qui en sont la manifestation.

En embrassant d'un seul coup d'œil les quatre années qui s'écouleront encore avant le départ pour le séminaire des Missions, on ne trouve que des jours pleins. C'est un spectacle en soi intéressant que de voir un jeune élève du sanctuaire dont l'esprit se délecte au milieu des livres, le cœur dans les exercices pieux, et la volonté dans la méditation de ses devoirs ; mais jamais peut-être il n'a été si à propos de l'observer que dans ces temps mauvais où la jeunesse oublie ce qu'elle vaut et se prodigue gratuitement.

M. Ducat avait compris que la science théologique est non-seulement aimable comme la vérité, mais encore surnaturelle comme son objet, sainte et sacrée comme les obligations qu'elle enseigne. Il y apporta donc, indépendamment de son ardeur habituelle, deux dispositions spéciales, l'union avec Dieu et une religieuse gravité. On est porté à croire que l'application de l'esprit à des matières quelconques, mais surtout à des matières difficiles, est inconciliable avec l'oraison perpétuelle : c'est une erreur. De même qu'on passe insensiblement d'une nuit glaciale à la vivifiante chaleur et à la douce lumière que verse le soleil, ainsi, à mesure qu'on s'élève sur l'horizon de la science, on contracte par des degrés insensibles l'habitude de mêler les mouvements du cœur aux froides et arides spéculations. Ainsi travailla M. Joseph Ducat, et ce fut, à n'en pas douter, la principale raison de ses succès. Il faut aussi tenir compte du sérieux avec lequel il aborda cette étude et de l'importance qu'il attacha aux moindres détails. En s'occupant du dogme, il avait pour ainsi dire en perspective l'innombrable foule d'ignorants qui viendraient un jour lui demander le pain de la doctrine, et cette idée s'imposait à sa conscience, comme celle de pourvoir à la subsistance de ses enfants s'impose à la conscience du père de famille... Et de rechef, malheur à lui, dont la vie devait s'écouler au milieu d'un peuple plus grossier que le peuple juif, s'il n'acquérait pas une connaissance nette et étendue des lois morales par lesquelles on distingue *entre le sang et le sang, la cause et la cause, la lèpre et la lèpre* (1). Heureux l'aspirant au divin sacerdoce qui entre ainsi avide et recueilli dans les puissances de Dieu !

Une seule chose déconcertait un peu le jeune théologien : c'était la divergence d'opinions sur certains points. Pénétré de respect pour tout ce qui touche à la révélation et à la foi, il s'était persuadé à lui-même que dans les écoles théologiques, aussi bien que dans l'Eglise, il devait y avoir unité dans la vérité. Mais, grâce aux explications de son frère Henri, en qui il avait une pleine confiance, il comprit bientôt que quand de hardies intelligences veulent dépasser en matière de dogme les limites d'une définition doctrinale, il y a place pour le doute et, par conséquent, pour la liberté. Toutefois, même sur ce terrain essentiellement mouvant de la controverse, son esprit chercha un point d'appui et se traça à lui-même ces quatre règles, qui sont en effet hors de conteste :

« Je dois, malgré ma répugnance, accepter la dispute dans les matières douteuses, car la dialectique étant une arme dont les novateurs ont

(1) *Deuter.*, XVII, 8.

abusé contre nous, il faut que j'apprenne à en user contre eux (1).

» Dans l'examen, l'étude et le débat des opinions, je m'en tiendrai aux formes autorisées dans les écoles, afin que, si je ne marche pas avec l'Eglise infaillible, je sois au moins accompagné de guides prudents et sages.

» Entre deux sentiments, j'adopterai toujours celui qui me paraîtra plus en harmonie avec les données de la foi, plus conforme à l'enseignement des Pères, plus commun parmi les théologiens.

» Lorsque des docteurs comme Durand affecteront de passer pour subtils et transformeront la discussion en puérilité, je me retirerai *dans ma simplicité pour y mourir* (2). »

Excité par des motifs de conscience à l'étude de la théologie, M. Ducat devait, sous l'influence de ces mêmes motifs, aborder vivement et promptement celle de l'Ecriture sainte. Le dogme, qui sert de base à la morale, s'appuie lui-même principalement sur la parole biblique. « La science sacrée,

(1) Alioqui nec boni doctique medici ferramentis medicinalibus uti deberent ad salutem, quia iis ad perniciem indocti abutuntur. (AUGUST. *contrà Crescent.*, lib. I.)

(2) *I Machab.*, II, 37.

dit saint Thomas, se sert de l'autorité des Ecritures comme de quelque chose qui lui est propre, et les arguments qu'elle en tire sont irréfragables (1). » Mais en dehors de cette considération, d'autres non moins puissantes et qui le gagnèrent entièrement, se présentèrent presque dès le début. Un soir du mois de novembre 1848, le professeur, exposant les prolégomènes, avait développé assez longuement cette pensée de Locke : « La Bible a Dieu pour auteur, le salut pour but, et la vérité sans mélange d'erreur pour contenu. » Aussitôt après la séance, M. Ducat se présenta dans sa chambre et lui dit : « Je demande pardon à Dieu de » n'avoir lu jusqu'ici que quelques pages du livre » divin ; désormais il aura les prémices et la fin de » mes journées, et si j'étais destiné à vivre dans la » solitude, qui est le jardin des âmes, le parfum » de cette fleur me suffirait, le fruit de cet arbre » de vie me rassasierait (2). » Un travail d'exégèse assez considérable dont M. Ducat eut à s'occuper en conséquence de cette démarche, prouva

(1) Thom., pars I, quæst. I, art. 8.

(2) Il y a peu de chose de changé dans ces paroles, que le professeur d'Ecriture sainte a retrouvées au fond de ses plus chers souvenirs.

qu'en effet la méditation des saintes Lettres aurait pu devenir ses chastes et suprêmes délices. Dieu exigeait de lui les œuvres du zèle ; il y consacra heure par heure les dix dernières années de sa vie: mais tant que dura la paisible et heureuse cléricature, il se distingua entre tous par son religieux silence aux leçons d'Ecriture sainte et l'empressement qu'il mit à compléter par ses efforts personnels les inévitables lacunes d'un cours élémentaire. Terminons par ce trait que le P. Henri nous fournit à l'appui de ce que nous disons : « Mon frère Joseph, une fois au grand séminaire, ne passait pas un jour de ses vacances sans lire une page du nouveau Testament : ordinairement il se découvrait, se mettait à genoux et terminait en baisant le texte sacré (1). »

Au témoignage d'un maître de la vie spirituelle, la perfection consiste dans l'alliance de la science qui brille et de la piété qui échauffe. Aussi, en même temps que les directeurs habiles auxquels sont confiées les recrues du sacerdoce s'appliquent

(1) En mentionnant cette particularité dans son recueil biographique, l'abbé Henri semble avoir eu présent à l'esprit ce texte des actes du cinquième concile de Milan : *Quotidiè aliquid ex sacris bibliis legite*, etc.

à les instruire, ils ne négligent rien pour leur ouvrir les secrets et les trésors d'une solide dévotion. Comment en serait-il autrement dans un grand séminaire dont le fondateur écrivait au souverain pontife : « Sous le toit de cet asile que nous préparons, les aspirants à l'état ecclésiastique se rempliront de l'esprit de leur profession, se pénétreront des maximes évangéliques et acquerront, par de continuels exercices de doctrine et de piété, les qualités qu'exige l'Apôtre (1). » Nous ne chercherons point à montrer quel abondant profit notre futur missionnaire retira de ces leçons. Cette fleur de la piété chrétienne qui avait pris racine dans son âme au début des études, et avait ouvert plus tard son gracieux calice, devait infailliblement s'épanouir dans le champ bien-aimé du Ciel et sous le souffle fécondant qui venait agiter de temps en temps ses feuilles et sa tige. Cependant, à propos de certaines circonstances exceptionnelles, le fervent séminariste se révéla par des traits si édifiants, qu'il convient d'en rapporter quelques-uns.

Après la prise de soutane, qui eut lieu au mois de mars 1849, M. Ducat ressentit une joie que put

(1) Relatio statûs Bisuntinæ diœcesis ad Clementem IX.

à peine tempérer son respect pour les saintes livrées de Jésus-Christ. Le jour même, on le vit prosterné longtemps aux pieds de ses deux patrons, Joseph et Xavier, mêlant quelques douces larmes à son action de grâces, et comme il était question de cette démarche dans une de ses conversations avec Henri : « Mon ami, lui dit-il avec le sourire » sur les lèvres, quand un enfant a reçu de sa mère » un bel habit, il s'empresse d'aller le montrer » aux voisins et surtout à ses proches : or, jamais » mère en donna-t-elle un plus beau à son fils que » celui dont l'Eglise me revêt aujourd'hui ? » La suite prouva que ces sentiments étaient le fruit, non d'une ferveur passagère, mais d'une grâce persévérante ; chaque matin, à son réveil, il continua à baiser avec une expression de bonheur indicible les deux parties du costume ecclésiastique qui représentent la pénitence et la chasteté.

Durant la retraite qu'il fit, à la fin de l'année scolaire 1850, pour se préparer à la réception des ordres mineurs, M. l'abbé Ducat voulut déposer sur le cœur de Marie, reine du clergé, un témoignage de sa reconnaissance envers Dieu et du zèle qu'il mettrait à le servir. Il lui dédia une pièce dont nous nous contentons de reproduire la substance, tout en cherchant cependant à en conserver la belle et saisissante originalité (1). Je dois me préparer à recevoir quatre bénédictions de miséricorde et d'amour : viens, m'est-il dit du fond du sanctuaire ; retire-toi à l'écart, repose-toi ! C'est mon Maître qui m'appelle ; je vole. — Il me veut loin du bruit ; je rentre au dedans de moi-même, où est établi son silencieux empire. — Que si la discipline actuelle restreint et modifie mes fonctions de clerc minoré, je mettrai d'autant plus de zèle et de perfection dans l'accomplissement de ce qu'elle me laisse. Portier du temple, j'ouvrirai à mon Seigneur les églises vivantes, qui sont les âmes ; lecteur, je prendrai en main le Livre et l'expliquerai à l'enfant du pauvre ; exorciste, je tiendrai à distance l'ennemi de ma vertu ; acolyte, le cierge allumé me rappellera que je dois entretenir le feu apporté par Jésus dans nos basses et froides régions ; éteint, il me fera souvenir qu'une piété ardente doit le remplacer devant la tente du Roi.

Un an après cette première consécration, le

(1) Ces pages ont pour épigraphe : *Saint Joseph, père nourricier de Notre Seigneur ; sainte Vierge, reine du clergé, priez pour moi.*

7 septembre 1851, M. l'abbé Ducat fut envoyé au sous-diaconat. Ce fut alors surtout qu'on vit ce que son cœur renfermait de chaleur et de vie : il ne trouva que dans les épîtres de saint Paul et les psaumes des expressions capables de rendre son désir de mourir au monde pour être avec Jésus-Christ, sa sainte ambition d'avoir Dieu en partage, le tressaillement de sa foi aux approches de l'Époux. « Le voici, cet Époux de mon âme, s'écria-t-il le dimanche à son réveil ; allons (1) ! » Qui n'a pas fait le pas décisif et n'est pas tombé comme une victime sous la main de Dieu, est étranger aux seules délices qui rassasient l'homme, et celui à qui ces délices ont été réservées est aussi hors d'état de les peindre que l'Apôtre de raconter son extase.

> Tout enivre le cœur, les oreilles, les yeux ;
> La terre est un moment la rivale des cieux !

Un usage établi dès l'origine au séminaire de Besançon oblige les jeunes élèves à se tracer longtemps à l'avance un règlement destiné à faire de leur vie une existence à part, comme autrefois certaines prescriptions isolaient la tribu de Lévi du

(1) Recueil de notes de M. Joseph Ducat, sous la date du dimanche 7 septembre 1851.

reste d'Israël, ou encore à déposer contre eux au tribunal de leur conscience, si plus tard ils méritaient le reproche que saint Jean fait à l'ange d'Éphèse (1). Cette coutume est fondée sur l'expérience et a pour elle l'assentiment des grandes lumières du sacerdoce. M. Olier regardait comme une question de vie ou de mort celle d'une règle sagement conçue et fidèlement gardée : « Si vous observez un bon règlement de vie, exactement et par amour pour le Seigneur, disait-il aux jeunes ecclésiastiques, vous avez tout à espérer, vous vivrez pour Dieu. Mais si vous n'avez point de règlement, ou si vous n'êtes pas fidèles à l'observer par des vues de foi, autant que les circonstances le permettent, vous avez tout à craindre pour votre salut ; ce n'est pas pour Dieu que vous vivez (2). »

Soit à raison de son profond respect pour la volonté de ses supérieurs, soit qu'il comprît par lui-même l'importance de la chose, M. Ducat avait consacré à ce travail un soin particulier. Rien n'y est omis, tout y est à sa place ; c'est un jet de

(1) *Apoc.*, II.
(2) *Avis salutaires aux ministres du Seigneur*, par M. Olier, n° 1.

l'inspiration divine, ou, comme le reconnut son sage directeur, M. l'abbé Chevroton, *une voie qui aboutit à la sainteté* (1). Mais si nous tirons du secret ce pieux souvenir des années de séminaire, dont l'auteur se réservait la possession et qu'il avait même ordonné de cacher dans la tombe où reposeraient ses restes, c'est moins à cause de son mérite intrinsèque, qu'en considération d'une circonstance singulière et émouvante. Le règlement de M. l'abbé Ducat a passé et repassé les mers ; il nous revient comme un témoin de ses fatigues, ou plutôt il en porte les traces. Quelques pages ajoutées sur la terre étrangère accusent une main mal assurée, un esprit jeté au milieu de préoccupations dévorantes, une volonté qui se roidit contre les immenses difficultés de l'apostolat. En nous représentant le cher missionnaire assis à l'ombre d'un samë, observant l'étrange changement survenu depuis un an dans sa position et les modifications à introduire en conséquence dans sa règle de vie pour combattre un bon combat, il nous a semblé voir le prophète, étonné d'abord de sa mis-

(1) Note de M. l'abbé Chevroton, page 121 du règlement.

sion, se lever à la voix de Dieu qui lui promet assistance, et disposer ses moyens (1).

N'anticipons pas. En même temps qu'il s'acquittait avec édification des devoirs d'un jeune étudiant en théologie, M. l'abbé Ducat ne cessait de poursuivre son idée dominante : il s'en nourrissait dans la méditation ; quand les occasions se présentaient de lui donner une forme sensible et vivante par la pratique du zèle, aucune considération ne l'arrêtait. Il ne s'agit plus désormais d'un beau rêve ni même d'un désir sincère et ardent. Lorsqu'on pense aux missions, on se dit : « Voilà mon ministère ! » Et un pontife éminent, consulté à cet égard, vient de répondre que c'est le cas d'insister pour obtenir le consentement paternel (2). Quant aux œuvres par lesquelles se révèle l'esprit apostolique, elles ont aussi plus d'éclat et d'importance.

M. Ducat avait toujours eu en singulière estime la société de Saint-Vincent de Paul : durant ses vacances, il se plaisait à en remplir les statuts au

(1) *Jerem.*, I.

(2) Voir une note de M. Joseph Ducat, sous forme de monologue, du 15 juin 1851.

profit de quelques malheureux ; en tout temps il en fit le sujet de sa correspondance. De leur côté, les membres de cette société avaient de lui la plus haute idée : C'était, disaient-ils, un excellent frère, un ami des pauvres, un protecteur sur lequel la veuve et l'orphelin pouvaient compter(1). Mais entre tous les genres de bonnes œuvres que pratiquent les pieux fils de saint Vincent, ce fut peut-être l'instruction des soldats qui plut davantage à notre futur missionnaire. Aussitôt que les conférences et les classes furent organisées, on le vit accourir au milieu de ceux qu'il appelait ses amis. Son langage franc, imagé, hardi, captiva leur attention ; par des comparaisons tirées d'objets familiers aux militaires, il sut se mettre promptement à la portée de leurs intelligences ; il acheva de se les attacher en leur ouvrant tantôt la porte de sa mansarde d'où ils remportaient d'ordinaire un mot de salut, tantôt son petit *trésor des remèdes de l'âme*, en toute

(1) Lettre de M. Ripps, adressée à Salins, sous la date du 12 septembre. — M. l'abbé J. Ducat était déjà à Paris que M. le président C***, en lui adressant un tribut d'hommages de la part de la société, lui écrivait : « Nous vous considérons toujours comme un de nos membres actifs, et c'est une pensée bien chère à tous. » (23 décembre 1852.)

circonstance et à toute heure un cœur dévoué à leurs véritables intérêts. C'est une tâche grande et noble que l'évangélisation des soldats ; grande au point de vue du pays, dont la prospérité et la moralité sont étroitement unies à l'état moral et religieux de son armée ; grande encore si on la considère par rapport au ciel, qu'elle réjouit en convertissant les pécheurs et en multipliant les élus (1).

Malgré le travail et le temps que lui demandait cette œuvre favorite, M. l'abbé Ducat trouva moyen de suffire encore à toutes les *pieuses corvées* qu'on propose d'ordinaire, soit comme services à rendre, soit comme exercice, aux jeunes ecclésiastiques sortis du séminaire. La paroisse de Saint-Pierre entendit et admira plusieurs de ses instructions ; deux fois chaque semaine il porta aux malades de l'hôpital Saint-Jacques une parole pleine

(1) Voir une lettre de M. A. de Ségur à l'auteur du livre *Notre-Dame des soldats*. — Nous voudrions pouvoir reproduire ici une quantité de lettres que de braves militaires écrivirent à M. Joseph Ducat pour le remercier et lui donner des preuves de leur fidélité à suivre ses avis : elles lui vinrent de Lyon, de Bourges, d'Evreux, d'Astaillac, de Dijon, de Castres, de Juilly, de Strasbourg, du fort de Joux et même de l'étranger.

d'onction et de lumière. Mais le principal théâtre de ces sortes d'essais apostoliques fut la paroisse où l'abbé Henri exerçait lui-même à cette époque le saint ministère (1). On s'y souvient encore d'avoir vu le *pieux abbé Joseph* répandant partout et en toute occasion la bonne semence de l'exemple et de la parole. Dans les rapports extérieurs, chacun recueillait de sa bouche le mot agréable que saint Augustin appelle l'amorce du pêcheur d'hommes ; soit qu'au milieu de cette population il fût plus à l'aise qu'au sein d'une grande cité, soit qu'alors son cœur, rapproché du cœur de son frère, participât à la tendre charité qu'inspire le titre de pasteur, nulle part ailleurs, on nous l'a affirmé, il ne déployait mieux du haut de la chaire l'antique et vigoureuse éloquence, qui du reste était bien véritablement chez lui le premier cri de la nature. « Et il faudrait l'avoir vu, ajoute une bonne religieuse, en présence de nos enfants ! Quelle douce et respectueuse paternité ! Quel feu lorsqu'il leur parlait de l'horreur du péché, de la dévotion à la sainte Vierge, de l'amour qui brûle au fond de nos tabernacles ! Pas un de ceux qui ont assisté

(1) Champlitte-le-Bourg (Haute-Saône).

à ses retraites ne l'a oublié [1]. » On peut dire que M. l'abbé Ducat paya d'un abondant retour le souvenir de cette jeunesse. Des lettres écrites longtemps après, lui portent ses bénédictions, ses exhortations à la persévérance, ses témoignages d'attachement [2]. Il envoie au vicaire de la paroisse plusieurs des prix qu'il a obtenus dans ses études, en le priant de les distribuer à ses petits anges et en lui recommandant d'avoir pour eux des entrailles de mère [3]. Cette surabondance de charité est caractéristique : un autre cœur que le cœur d'un apôtre ne saurait pas dire aux Galates : « Mes petits enfants, que je continue à enfanter dans la douleur, jusqu'à ce que j'apprenne que Jésus-Christ est formé en vous, je voudrais vous revoir et changer en accents plus suaves les accents d'autrefois; mais faites le bien toujours, et non pas seulement pour rendre plus agréable mon séjour au milieu de vous [4]. »

(1) Lettre de sœur Claire Faitout, supérieure de l'établissement de Champlitte; 19 février 1864.

(2) Lettres du 11, du 23, du 18 mai, adressées à Champlitte. Autre lettre du 21 juillet 1853, écrite aux enfants immédiatement avant son départ pour Siam.

(3) Nouvelles lettres du 19 mai et du mois d'août 1852.

(4) *Galat.*, IV.

En effet, M. l'abbé Ducat est mûr désormais pour la vie et les travaux de missionnaire. Dieu va lui donner en quelque sorte l'expression nette et claire de sa dernière volonté ; il lui dira dans peu de jours, en lui imprimant le caractère sacerdotal : « Pars, serviteur fidèle ! porte mon nom aux peuples, instruis-les, baptise-les ! »

Ce fut en février 1852 qu'un événement extraordinaire vint trancher définitivement la question de vocation. Cette année même, une des sœurs de M. Ducat, Mme Ripps, était tombée gravement malade, et malgré les soins assidus de deux habiles médecins, on commençait à craindre pour ses jours. Dans cette douloureuse conjoncture, notre futur apôtre alla se prosterner au pied de l'autel et dit à Jésus-Christ : « Donnez-moi le signal du » départ, Seigneur et maître, en rendant la santé » à votre fidèle servante ! » Peu de temps après, la famille commençait une neuvaine à laquelle avaient bien voulu s'associer de nombreux amis et qui devait se terminer le 11 février. La veille au soir, un des médecins avait vu la malade et laissé aux personnes qui l'environnaient ce bulletin désespérant : Douleurs arrivées à leur dernier terme de violence ; — commencement d'une agonie qui sera longue ; — encore quelques jours de vie. — Or, à une heure de la nuit, Mme Ripps était debout, n'éprouvant plus le moindre malaise et remerciant Dieu de concert avec son mari. Le matin, avant l'arrivée des visiteurs, elle avait entendu la sainte messe et pris part au déjeûner commun. Nous n'avons point à nous prononcer sur le caractère de ce fait : ceux qui sont le moins disposés à reconnaître l'action immédiate du doigt de Dieu furent stupéfaits et parurent embarrassés ; les autres regardèrent cette guérison comme miraculeuse. Quant à M. l'abbé Ducat, plein de reconnaissance envers le Seigneur, qui, en apportant la santé à la sœur, avait apporté au frère la lumière, il n'attendit plus que le jour de son élévation au sacerdoce pour dire adieu au monde et à son pays.

Saint Grégoire de Nazianze a dit de son illustre ami, saint Basile : « Il était prêtre avant d'être prêtre (1), » c'est-à-dire qu'il en avait les vertus avant d'en avoir reçu le caractère. Cette parole trouve ici une juste application : les jours où M. l'abbé Ducat reçut l'onction sainte et entra en possession de son sacerdoce, furent vraiment les

(1) GREGOR. *orat.* XX.

jours que Dieu avait choisis pour le récompenser de sa fidélité et de ses luttes, aussi bien que pour le rendre capable d'accomplir des œuvres plus grandes encore et livrer des combats nouveaux.

En ces jours, 5 et 6 septembre 1852, il ne lui manqua rien : ni d'être assisté par ses amis, qui accoururent en grand nombre, ni d'entendre les félicitations et les encouragements de son bien-aimé frère, l'abbé Henri, dont la parole émut profondément l'assistance, ni de ressentir les émotions d'une agréable surprise, qu'on lui ménagea en exécutant, à un moment donné, le *Chant du départ*, ni surtout de goûter les délices spirituelles, Notre Seigneur s'étant plu à les verser dans son âme jusqu'à l'enivrement. Une heure après avoir quitté l'autel, le nouveau prêtre était encore devant le saint Sacrement, immobile, étonné, élevé au-dessus de lui-même et du monde terrestre.

Voici comment s'exprime à cette occasion un journal de la province : « Une cérémonie aussi remarquable qu'édifiante réunissait naguère une affluence considérable de fidèles. M. l'abbé Joseph Ducat inaugurait par une messe solennelle sa carrière apostolique ; il se destine, comme chacun sait, aux missions étrangères. Un sentiment particulier, tenant peut-être autant du regret que de l'admiration, semblait rehausser l'intérêt manifesté pour le jeune prêtre. C'était une fête, mais une fête dont les splendeurs prenaient une teinte de mélancolie. Le recueillement était un hommage, l'émotion une prière.

» M. l'abbé Henri Ducat, frère du célébrant, et son aîné dans le sacerdoce, a retracé dans un discours bien senti le caractère et les devoirs du prêtre, la ressemblance de sa vie avec celle du Christ et les conséquences de sa mission. L'exorde avait touché ; la péroraison a fait verser des larmes.

» Hommes de notre siècle, qui attendez que les dogmes finissent et venez de temps en temps sous le portique du temple voir si le christianisme vit encore, que n'étiez-vous présents ! Des fêtes comme celle-ci éveillent ou retrempent le sentiment religieux (1). »

(1) *Impartial* du 8 septembre 1852.

CHAPITRE V.

JOSEPH ET HENRI.

(Parallèle.)

Plusieurs raisons semblent exiger qu'avant de quitter le pays et la famille où M. Joseph Ducat a jusqu'ici vécu, et d'aller avec lui sous un ciel étranger, nous mettions en face de lui un frère bien-aimé, dont la figure, qui est aussi celle d'un apôtre, ne s'est montrée que de loin en loin dans la suite de ce récit. En rapprochant l'un de l'autre Joseph et Henri, nous aurons occasion de recueillir certains détails plein d'intérêt que nous avons laissés sur le chemin, de peur de paraître lent et embarrassé dans notre marche. Ce parallèle prouvera une fois de plus que la grâce de Dieu, multiple dans ses formes, sait tirer parti des tempéraments les plus divers, lorsqu'elle les trouve dociles (1). Puis, ce pourra être une légitime satisfaction pour le cœur que de voir une dernière fois en présence deux existences intimement unies, entre lesquelles va s'étendre désormais l'immense Océan.

Joseph et Henri dans leurs communications avec Dieu. La piété de Joseph est libre, sans apprêt, souvent dégagée des formes qui pourraient en être l'expression : ce n'est qu'après avoir passé un certain temps à l'ombre du sanctuaire qu'il apparaît enfin à nos yeux tel qu'il fut toujours sous le regard de Dieu. Henri donne plus au sentiment ; sa prière est expansive, son cœur parle et sourit, ses goûts le portent à ce qu'il y a de plus exquis en spiritualité. Pour déterminer une préférence, il faudrait dire sûrement lequel est le meilleur, ou de témoigner à Dieu son respect et son amour en se préoccupant plus de l'accomplissement de sa volonté que du soin de son culte ; ou de laisser prévaloir, dans notre conduite envers lui, les épanchements de l'âme sur l'attention aux détails de la loi. Dans le premier cas, ce nous semble, on se

(1) Divisiones gratiarum sunt... Unicuique datur manifestatio spiritûs ad utilitatem. (*I Cor.*, XII.)

rapproche davantage de l'*amour de pure foi* dont parle Fénelon ; dans le second, on représente plutôt le cœur toujours éveillé de l'épouse des Cantiques (1). Il est hors de doute que dans l'un *et* l'autre *on plaît à celui à qui on s'est donné* (2).

Joseph et Henri dans leurs relations avec le monde. Celui-ci est doux et insinuant ; sans négliger de donner du fond à son discours, il tient visiblement à l'élégance ; sa tenue a de temps en temps quelque chose de distingué et est toujours irréprochable. Il en est autrement de Joseph : vous le voyez venir à vous sans autre moyen qu'une belle et noble franchise ; toute manière de parler lui convient, pourvu qu'elle serve la vérité et ne blesse pas la vertu ; les modes sont des faiblesses qu'il veut dominer. Chacun sera tenté de croire que la société d'Henri est recherchée et celle de son frère peu agréable : si ce n'est pas en tout point une erreur, ce n'est pas non plus l'exacte vérité. Joseph Ducat a un trésor si bien rempli de bonté, de dévouement, de générosité, qu'il peut se produire avec Henri, et compter sur la même

(1) *Cant.*, v, 2.
(2) *II Timoth.*, II, 4.

bienvenue. Je ne sais qui l'appellera un jour *bourru*, mais on ajoutera aussitôt : « C'est un bourru aimable et essentiellement bienfaisant. » Du reste, cette nuance s'affaiblit avec les années au point d'être à peine sensible, l'âpreté de l'un lui ayant paru un obstacle au plein succès de son œuvre, le bonheur pur et légitime de plaire ayant fait place chez l'autre aux graves sollicitudes du zèle.

Henri et Joseph dans leurs rapports réciproques. Leurs cœurs sont unis par le triple lien que personne ne peut rompre. Il semble que dans l'amitié de Joseph, l'estime, le sentiment de la justice, la raison qui pèse les motifs et apprécie le mérite, l'emportent sur la tendresse : il aime son frère surtout parce que de grandes et incontestables qualités lui imposent comme dette un abondant tribut d'amour fraternel. L'affection d'Henri a quelque chose peut-être de plus spontané, de plus tendre, de plus ardent. Chez celui-ci le cœur se rapproche de l'esprit pour y verser ses feux ; chez Joseph l'esprit se rapproche du cœur pour y verser sa lumière. C'est principalement dans la conversation et la manière dont ils traitent toute chose qu'on peut saisir le contraste. Quand Joseph ne peut exprimer une pensée nettement sans paraître manquer à son aîné, au lieu de la *détremper*, comme dit saint Bernard, *d'une amphore d'huile*, il s'abstient. Ceci nous explique un reproche qu'Henri lui adresse de temps en temps, celui d'être infidèle au précepte de la correction fraternelle. Henri, au contraire, laisse produire au dehors sans trop d'appréhension ce que son esprit pense ou ce que son âme éprouve, parce que son secret, s'il est amer et dur à entendre, il le fait passer par un cœur qui l'adoucit et sur des lèvres délicates qui en dissimulent l'âpreté. S'agit-il, non plus seulement d'un échange de paroles, mais d'actes à accomplir ou de projets à exécuter, Henri, dont le tempérament incline à la mansuétude et à la timidité, se tiendrait volontiers en arrière : non moins volontiers, Joseph, qui se sent adroit et n'a jamais peur, se porterait en avant. Mais il convient que les choses se passent fraternellement : celui à qui sa hardiesse donne de l'initiative, mais qui est en même temps le plus jeune, se contentera de proposer, en faisant ressortir les raisons du pour et du contre : le plus âgé disposera.

Henri et Joseph dans leurs voyages. Les courses de vacances plaisent à tous les deux, moins peut-être à cause du plaisir qu'ils y trouvent qu'à raison de l'utilité qu'ils en retirent. Dans une relation considérable et intéressante qu'ils en ont faite, il est facile de distinguer un fonds commun qui accuse chez les deux intrépides touristes une certaine similitude de goûts, de manières de voir, d'appréciation ; mais en même temps surviennent des circonstances où chacun d'eux reparaît avec sa physionomie propre. La Suisse, les sommets escarpés et si curieux des Alpes, les riantes contrées de l'Italie, sont choisis par l'un et l'autre comme théâtre d'excursions. Ce qui attire le plus souvent leur attention en Suisse, c'est l'aspect religieux du pays : pourquoi l'odieuse réforme est-elle venue introduire dans de resplendissantes cathédrales le silence et la mort, briser l'union des âmes, imprimer au caractère national, si franc et si naïf, un cachet de défiance et d'orgueil ? Toutes les fois que nos jeunes pèlerins sortent d'une ville protestante, il leur vient à l'esprit la pensée qu'exprimait un pape en voyant des esclaves bretons encore païens : *Non Angli, sed angeli, si forent christiani* (1). A Genève surtout, leurs impressions

(1) Ils seraient des *anges* et non des *Angles*, s'ils étaient dans la vérité. (S. Grég.)

se traduisent en termes d'une énergie remarquable : « La métropole du protestantisme a un aspect qui » fatigue ou ennuie ; nous ne dirons mot, si » l'on veut, de ses maisons sans style et de sa ré- » gularité prosaïque ; mais voyez cet air officieux » et intéressé, agréable et blasé, qui se peint sur » chaque visage ; ces traits dessinés d'après tous » les principes et cependant sans animation. La » figure du Piémontais est laide, mais elle vit ; » celle du réformé genevois est un buste artiste- » ment travaillé, soit ! mais un buste. Notre séjour » à Genève nous a pesé comme un cauche- » mar (1). »

Les montagnes abruptes et les riches et profondes vallées sont sœurs, dit un poëte (2). C'est la raison pour laquelle Joseph et Henri s'accordent à placer au premier rang parmi leurs souvenirs le passage des Alpes. Les grands tableaux, le spectacle de la nature dans ce qu'elle a de plus primitif, les traces de la main de Dieu que la main de l'homme a laissé subsister, captivent le regard de

(1) Souvenirs de voyage, p. 277.

(2) Quò major sublatus humo mons surgit ad astra,
Hoc hiat in valles, deprimiturque magis.

l'un ; l'autre se complaît davantage dans les scènes riantes. Henri croque un point de vue ; Joseph, assis sur un rocher à pic, plonge dans l'abîme. Puis, d'un moment à un autre, nous les trouvons étudiant l'histoire naturelle et la botanique au milieu de plantes variées comme le climat de ces monts, recueillant les faits dont les Alpes furent témoins depuis Auguste jusqu'au géant des temps modernes, écoutant religieusement de la bouche du prieur du monastère la vie de saint Bernard de Menthon. Visiblement, ils ne sont allés là que pour accroître leur trésor scientifique ou graver dans leur esprit les connaissances acquises. Il est peu utile de chercher un soleil plus brillant que celui dont on est éclairé ; toujours il est louable et bon d'ambitionner pour l'intelligence de nouvelles lumières.

Cependant, au bout de quelques jours, la barrière est franchie et les belles campagnes du Piémont se déroulent sous les yeux de nos voyageurs. Ici, c'est un autre genre d'études, mais qui témoigne également de l'avide curiosité commune à tous les deux. Non-seulement on s'applique à connaître l'origine, le passé, les monuments des cités qu'on parcourt, mais on observe les caractères et les habitudes du pays. Rien ne passe inaperçu, depuis les cérémonies imposantes où se révèle la foi d'un peuple entier, jusqu'à la moindre aventure qui met en évidence la méfiance d'un hôte ou l'air singulier de quelque péronnelle. Qu'on nous permette de citer un trait qui achèvera de peindre nos voyageurs et de montrer avec quelle constante préoccupation ils tendent à leur but. Ils cheminaient vers la ville d'Aoste par une belle matinée d'automne, ayant sous les yeux tantôt de riches vergers plantés d'arbres, tantôt un gracieux paysage, plus loin des coteaux couverts de vignes ; un ombrage frais et un repas champêtre les attendaient au terme de leur étape. On eût dit que cette journée leur était envoyée du ciel ; or, ce fut en ce jour que le doux et mélancolique souvenir de la terre natale se réveilla.

> Nescio quâ natale solum dulcedine cunctos
> Allicit.

Le cœur avait pu jusque-là être distrait par les graves occupations de l'esprit ; il se laissa aller à sa pente naturelle dès qu'il n'y eut pour le retenir que des jeux d'imagination (1).

(1) Souvenirs de voyages, p. 180, 181, 182.

S.te X de Bang-Kok, 23 Avril 1869

Ducat
Miss. ap.

Plaise à Dieu que les 15 ans dont on m'a trouvé vieilli dans ces deux années de campagne, comptent également quintuples sur mes années de service pour le ciel !

(Paroles de Mr l'abbé Ducat au retour de Jong Salang.)

Les nuances de caractère qui existent entre Joseph et Henri ne servent pas moins à parer aux inconvénients du voyage, que leur union parfaite d'esprit à le rendre profitable. Capable de poursuivre une route fatigante après s'être assis sur la borne, comme l'oiseau de passage qui fait plier le jonc de mer et reprend son vol, Joseph entraîne et soutient Henri. Henri, aussi naturellement porté que physiquement obligé à une sage modération, retient son frère dans de justes bornes. — En face d'un endroit périlleux qu'il s'agit d'explorer, l'exemple de son prudent compagnon empêche Joseph d'exposer sa vie; il n'aura à regretter qu'une chute. Celui-là, de son côté, frappé de l'assurance de Joseph, ne peut se décider à passer sans rien voir. — Des deux yeux du pèlerin l'un doit être un flambeau qui aide aux investigations, l'autre une providence qui s'occupe des besoins. Si Joseph voyageait seul, le premier ferait peut-être quelquefois défaut; Henri séparé de Joseph manquerait souvent du second. A plusieurs reprises, en effet, on voit Joseph s'occuper des hardes ou préparer l'indispensable viatique, alors que l'album pourrait être enrichi d'un tableau ; Henri, au contraire, absorbé tout entier sous les créneaux d'une vieille tour, quand il devrait se demander *où est le champ dont il brisera l'épi* (1). — En marchant à côté de l'aîné, je suivrais presque toujours un sentier battu ; les incidents seraient rares, et le passage d'un lieu visité et étudié à d'autres que ma curiosité cherche, pourrait devenir un ennui ; sur les pas du plus jeune laissé à lui-même, je serais sans cesse dans les défilés, les coupe-gorges et les aventures ; accompagné de l'un et de l'autre, je parfais ma course sans me plaindre ni des secousses pénibles que le bon Henri sait prévenir, ni de la monotonie que Joseph rompt par d'agréables surprises. « Tout à l'heure le fond de nos entretiens menaçait de tarir ; nous allions ne plus entendre que le bruit de nos pas ; à ce moment, il se jette de côté, court à quelque distance comme si on l'avait appelé, et revient à nous escorté d'un petit vieillard à l'œil ardent, à la physionomie originale, au pied agile : c'est une bonne fortune! Jobson approche, on sourit ; il salue, on se pâme ; il parle, tantôt on écoute avec un intérêt croissant, tantôt le rire éclate. Qu'est-ce que Jobson? Vous ne le saurez pas plus que moi ; mais,

(1) *Matth.*, XII, 1.

lorsqu'un jour vous passerez par là, informez-vous si Jobson vit encore [1]. »

Rentrons avec Henri et Joseph : l'heure sérieuse de la vie vient de sonner. Devant eux s'ouvrent deux nouveaux chemins, dont l'un aboutira au noviciat des Jésuites et l'autre au séminaire des Missions étrangères : ils ne se reverront qu'au jour du suprême rendez-vous !

(1) Souvenirs de voyages, p. 59, 79, 81, 128, 141, 243.

CHAPITRE VI.

Entrée de M. l'abbé Ducat au séminaire des Missions étrangères. — Ses joies et ses épreuves. — Il est désigné pour la mission de Siam. — Mme Ducat et l'abbé Henri se rendent à Paris pour le jour du départ. — Derniers adieux.

Au sein de notre capitale existe une maison connue depuis deux cents ans sous le nom de séminaire des Missions étrangères. C'est l'asile de la paix au milieu du tumulte ; c'est le foyer de la charité et du zèle sur le théâtre même où tous les genres de corruption, toutes les formes de l'égoïsme et toutes les rancunes de la terre viennent prendre leurs ébats ; c'est le cénacle où l'on prie au centre de Jérusalem qui blasphème. Nous ne rappellerons ni l'origine ni l'histoire de cette admirable fondation ; chacun sait qu'en vertu d'un décret rendu par la Propagande et approuvé par Alexandre VII, il fut pourvu à l'établissement d'une congrégation des Missions étrangères, et qu'en 1663, deux ministres royaux acceptèrent en son nom, de l'évêque titulaire de Babylone, la donation d'un vaste bâtiment que celui-ci possédait à la rue du Bac, sous la clause expresse qu'il deviendrait pour la société nouvelle un point de réunion. Il n'est également personne qui ne sache les faveurs dont le séminaire des Missions fut honoré sous le gouvernement du grand roi, ses malheurs à l'époque fatale de la révolution, son rétablissement par Bonaparte en 1805, et enfin le gage précieux de prospérité et d'avenir que la Providence lui a ménagé par l'*association de la Propagation de la foi.*

Or, c'est dans cet asile béni, sous le joug de constitutions que leur sagesse fait admirer et dont la suavité dilate le cœur, que les jeunes envoyés de Dieu viennent se préparer immédiatement à leur sublime ministère. Le monde a cessé d'avoir des charmes pour eux; la poussière de la terre ne les aveugle plus; *le jour présent, dont la malice suffit à nous fatiguer,* ils le passent dans les paisibles jouissances de l'étude et les délices de l'oraison: au fond de l'avenir où nous ne découvrons souvent que des nuages, ils entrevoient des années riches pour le ciel, une foule d'âmes payées par les fatigues de l'apostolat et lavées dans ses sueurs, une abondante moisson, de brillantes couronnes. Heureux ceux que le Seigneur tire ainsi de la masse commune pour leur montrer, comme aux douze, *la lumière dans sa lumière* (1), opérer en eux les merveilleuses transformations de la Pentecôte, et par eux les grandes choses qui suivirent !

Au commencement d'octobre 1852, apparaît dans les rangs de ces favoris de Dieu M. l'abbé Joseph Ducat. Rien ne serait plus émouvant, je dirais volontiers plus tragique, que les derniers embrassements du missionnaire, si la nature était laissée à elle-même : la foi venant en aide, tout se passe d'habitude avec simplicité et calme. Après avoir échangé de tendres et affectueuses bénédictions avec les membres de sa famille, M. Ducat s'était échappé de leurs bras ; une demi-heure plus tard il était sur la route de Paris : M. Griffon, curé de Saint-Pierre, et ses vicaires, qui l'avaient accompagné jusqu'à la voiture, s'en retournaient édifiés de son courage, son père se consolait avec l'abbé Henri, et Mme Ducat achevait son sacri-

(1) Ps. xxxv, 10.

fice dans la chambre même et aux pieds du crucifix du bien-aimé missionnaire.

A peine M. l'abbé Joseph eut-il franchi le seuil du séminaire des Missions étrangères, que ses parents reçurent une lettre détaillée où il racontait, avec une satisfaction mêlée de quelque surprise, les prévenances singulières et les *excessives* bontés dont il était l'objet ; puis, s'adressant en particulier à son frère : « Un prêtre sait ce que » c'est, ajoute-t-il, que de se sentir dans sa vocation ; mais à la joie que l'esprit saisi de cette » pensée porte au cœur, son voisin et son ami, » il s'en ajoute une autre, celle de vivre dans un » charmant Eden. Il semble qu'au lendemain d'un » brisement violent et à la veille d'immenses tribulations, l'âme doive être ennuyée, comme » celle de Jésus, jusqu'à la mort. Ah ! le divin » Maître a pris tout l'ennui, et il ne nous reste, à » nous, que le centuple (1). » Trop souvent le monde observe d'un œil enflammé par la jalousie et la haine le chrétien qui, au lieu de se réjouir avec lui, se réjouit en Dieu. C'est à son sens un consommateur parasite en même temps qu'un

(1) Lettre de janvier 1853.

pieux contempteur de la société dont il suce les biens. Mille fois on a fait justice de cette odieuse prévention ; mais fût-elle aussi fondée qu'elle est inique et révoltante, de sitôt elle n'atteindra le missionnaire. Outre que le missionnaire se fait pardonner la félicité du moment en considération des peines à venir, il est et reste homme bon, communicatif, sociable, frère de ses frères dans la meilleure acception du mot. J'en prends à témoin M. l'abbé Ducat. Jamais il n'entretint de si fréquentes et si agréables relations avec le dehors que depuis sa rupture avec les affections terrestres et les intérêts humains. Dans l'espace de quelques mois, on le vit travailler à la conversion d'un malheureux jeune homme qui nourrissait sa famille du pain des larmes[1], répondre à deux cents lettres dont la plupart étaient des demandes de services, remplir tous les devoirs d'un aimable et gracieux débiteur envers les personnes qui employaient leur industrie au profit de sa prochaine mission. Si l'on

(1) Nous avons lu avec une douloureuse sympathie la correspondance de M. l'abbé Ducat avec cette famille, que le respect et la discrétion nous empêchent de nommer. Puissions-nous apprendre un jour que le prodigue lui a été rendu !

ajoute à cela de fréquentes visites qu'il accueillit toujours avec un visage serein, des recherches historiques auxquelles il se livra pour satisfaire d'honorables amitiés, les détails intéressants ou plaisants qu'il recueillit afin de les jeter de temps en temps, comme distractions, au milieu de sa famille attristée, on sera bien obligé de convenir que l'onction de la grâce, loin de rendre le missionnaire égoïste en le rendant heureux, dilate son cœur et centuple son activité. « L'homme de piété et de foi a le secret, dit saint Augustin, de se donner aux autres en se gardant pour Dieu, et de se donner d'autant plus largement qu'il se garde plus parfaitement (1). »

Mais si, en dépit de ses préjugés anti-religieux, le monde se sent obligé d'admirer et de respecter le missionnaire, il en est autrement de l'inexorable ennemi du beau et du bien. Satan vint visiter notre jeune apôtre et s'essaya même de plusieurs manières à le troubler dans sa vocation. Ce furent d'abord des peines intérieures. Nous voyons par ce que lui écrivit à cette époque son directeur,

(1) Le saint docteur va jusqu'à comparer l'homme de Dieu à Dieu lui-même, qui, du sein de son repos, donne à tout la vie et le mouvement.

M. l'abbé Chevroton, que sa conscience fut un instant voisine du scrupule, cette dangereuse maladie *dont le résultat final est d'éteindre la piété comme l'eau éteint le feu* (1). Il craint l'omission d'un iota de la règle; les soins qu'il donne à son corps lui paraissent exagérés ; puis, quel poids de misères à traîner pour un homme qui doit aller si loin !... On se fait à peine une idée de l'habileté déplorable avec laquelle un scrupuleux sème le vent pour recueillir la tempête. Heureusement, le prêtre qui avait la confiance de M. Ducat parla avec autorité et vigueur, lui déclarant, sur un ton moitié plaisant, moitié sévère, « que si, par des inquiétudes déplacées, il se fermait la porte de la Chine, on le ferait sauter par-dessus la grande muraille (2). »

Une épreuve d'un autre genre était encore réservée à M. l'abbé Ducat. Ce fut à propos de sa santé. Momentanément altérée par quelques mortifications intempestives, elle inspira d'abord à MM. les directeurs des Missions étrangères une vague inquiétude. Au bout de plusieurs semaines de ménagements et de soins, le malaise continuant,

(1) Saint François de Sales.
(2) Lettre de M. Chevroton, 15 mars 1853.

on commença à craindre sérieusement, et enfin, sur la parole du médecin, on se décida à lui rappeler que la vigueur du tempérament est une qualité essentielle du missionnaire. M. Ducat comprit le sens de cet avertissement; il fit sur lui l'effet d'un glaive qui tranche les plus chères espérances; mais il le laissa calme. Ecoutons-le parler le lendemain à sa famille: « Le bonheur de mon âme
» était trop sensible pour que l'homme ennemi
» n'en fût pas jaloux; puis, peut-être la cou-
» ronne de l'apostolat m'est-elle ravie parce que
» je ne me suis pas assez glorifié dans mon infir-
» mité. Quoi qu'il en soit, il reste une goutte de
» consolation au fond du calice amer qu'on vient
» de me faire boire: c'est une soumission humble
» à la volonté bénie de mon Dieu. On peut prati-
» quer de plus grandes vertus que l'abnégation
» et le renoncement; mais où en trouvera-t-on
» de plus solides (1)? »

Nous dirons à notre tour: S'il est possible de rencontrer une vertu plus solide et plus forte que la résignation dont cette lettre nous lègue le souvenir, ce ne peut être que la magnanimité chré-

(1) Extrait d'une lettre de M. Ducat. 1853.

tienne exprimée dans les lignes suivantes. « Celle
» qui a l'honneur d'écrire à Votre Eminence,
» Monseigneur, est la mère du missionnaire de
» votre diocèse auquel vous daignez vous inté-
» resser. J'apprends que MM. les directeurs du
» séminaire le trouvent incapable de supporter de
» grandes fatigues et craignent même qu'il ne
» puisse survivre aux longues et pénibles secousses
» de la traversée. Votre Eminence, ajoute-t-on,
» partage cet avis. Assurément, Monseigneur, s'il
» s'agissait d'une affaire de conscience, je me
» tiendrais à l'écart et attendrais ; je tressaillerais
» de bonheur si je n'écoutais que la nature. Mais
» la conscience n'est point engagée ici, et la nature
» n'a rien à y voir. J'use donc d'un droit en
» même temps que j'accomplis un devoir, en dé-
» posant aujourd'hui un grain de sable dans la
» balance des destinées de mon enfant. Non, Emi-
» nence, M. l'abbé Ducat n'est point d'une cons-
» titution faible ; toujours, au contraire, il s'est
» accommodé d'un régime dur, du chaud et du
» froid, du travail et des courses forcées, des pri-
» vations et des veilles, en un mot de tout ce que
» redoutent les tempéraments délicats. Qu'on
» veuille donc bien laisser partir ce jeune apôtre et

» lui permettre de dépenser pour la gloire de mon » Dieu et de son Dieu la vie qu'il a reçue de » moi (1). »

« Une mère plus admirable qu'on ne peut le dire et digne de vivre dans la mémoire des bons, ayant à faire le sacrifice du fruit de ses entrailles, s'y prêtait sans hésitation ni faiblesse, à cause de l'espérance qu'elle avait en Dieu (2). »

En conséquence de la lettre de madame Ducat, eut lieu une nouvelle entrevue entre le cardinal archevêque de Besançon et le supérieur du séminaire des Missions, M. Barrand. Au sortir de cette conférence, ce dernier se rendit auprès de l'abbé Joseph et l'embrassa tendrement, en s'excusant d'avoir jeté un instant le trouble dans son âme et en lui annonçant qu'il mourrait missionnaire. C'était d'un mot apaiser l'orage et d'un coup de rame remettre la barque à flot : « Apprenez, chers » parents, écrit ce jour-là même M. Ducat, la fin » de cette vilaine tempête qui allait me rejeter sur

(1) Lettre de Mme Ducat, hiver 1853.

(2) Suprà modum mater mirabilis et bonorum memorià digna, pereuntes filios... conspiciens, bono animo ferebat, propter spem quam in Deum habebat. (*II Machab.*, VII, 20.)

» la côte : le Seigneur, *qui ne laisse pas sa créature* » *dans une continuelle agitation* (1), a eu pitié de » moi ; glorifions-le ensemble. »

Cependant le moment était venu d'assigner à chaque ouvrier évangélique la partie de la vigne qu'il devait cultiver. Bien que MM. les directeurs fussent rassurés sur l'état de santé de notre bien-aimé compatriote, ils voulurent bien encore tenir compte de ce qui venait de se passer et lui réserver une de ces missions appelées dans le langage apostolique *missions faciles,* parce qu'on n'y meurt que d'épuisement : la mission de Siam.

Que sont en effet pour le héraut de la bonne nouvelle les efforts d'une main qui sème et la sueur qui arrose ? Un prêtre exerçant le saint ministère en pays catholique, quels que soient ses mérites d'ailleurs, s'humilie sans efforts lorsqu'il compare sa demeure à la hutte de bambous, sa nourriture quotidienne au plat de riz de l'Indien, la paix dont il jouit et les délassements qu'il se donne aux incessantes tribulations de l'apostolat. Or, il en est ainsi du missionnaire libre de se dépenser et surdépenser pour le salut des idolâtres, quand à son

(1) Ps. LIV, 23.

tour il se met en présence de celui que poursuit et harcèle la fureur des tyrans. Estimant trop douce une vie sans périls, il s'écrierait volontiers comme l'intrépide Urie : « L'arche de Dieu, Israël et Juda, sont exposés aux hasards de la guerre ; les serviteurs de mon Seigneur couchent sur la terre nue. Pourquoi donc ce bien-être réservé et offert à ma sensualité (1) ? »

C'était dans les derniers jours de juin qu'on confiait au zèle de M. Ducat le soin et l'agrandissement d'une des chrétientés de Thaï, et que lui-même, écrivant à un membre de sa famille, débutait sur ce ton inspiré et triomphal : *Petrus-Franciscus-Josephus, servus Dei, filius Mariæ, Siamensis apostolus* (2). Deux mois plus tard, l'abbé Henri conduisait à Paris Mme Ducat, qui avait témoigné le désir d'assister à la cérémonie du départ. Cette cérémonie est déjà extrêmement touchante par elle-même, mais la présence d'une mère ne pouvait manquer de la rendre plus attendrissante encore. Un ancien et vénérable directeur dit à cette

(1) *II Reg.*, XI, 11.

(2) Pierre-François-Joseph, serviteur de Dieu, enfant de Marie, apôtre de Siam. — Du 17 juin 1853.

occasion : « Voici la troisième femme forte à inscrire dans nos archives à côté de l'apôtre qu'elle nous donne. » Qu'on se transporte en esprit à l'église du séminaire, le lendemain de l'Assomption 1853 ; dans quelque disposition que l'on se trouve, le souvenir de cette journée restera ineffaçable. Si l'on peut se soustraire à l'influence saintement contagieuse d'une foule palpitante d'émotion, on se sentira élevé au-dessus de soi-même en entendant tour à tour le chant du départ, l'allocution grave et paternelle du supérieur à ses missionnaires, les sanglots de ceux qui vont leur baiser les pieds ; et si quelque chose comme une transfiguration impressionnait davantage, il suffirait de jeter les yeux sur les héros de cette fête, lorsque, debout devant l'autel, les bras croisés sur la poitrine et la face tournée vers le ciel, ils consomment l'holocauste. Mais il est dans la chapelle un endroit retiré vers lequel aucun assistant ne porte la vue sans verser des larmes. Là, une femme pieusement agenouillée n'interrompt sa prière que pour fixer de temps en temps un des jeunes apôtres avec une expression d'indicible tendresse et de paisible mélancolie. Cette femme est Mme Ducat.

Le lendemain, 17 août, après un pénible combat

livré à la nature, M. l'abbé Ducat s'éloigna de la France, laissant sur ses pas cette bénédiction du psalmiste : « Que la paix soit dans tes forteresses et l'abondance dans tes tours ! J'ai parlé de paix pour toi, ô ma patrie ! et je te l'ai souhaitée à cause de mes frères et de mes proches (1). » C'était à Anvers qu'il devait s'embarquer, en même temps qu'un autre prêtre du diocèse de Poitiers, M. Tessier. On y arriva le 19, trois jours avant que le navire l'*Ambiorix*, faisant voile pour les Indes, fût en rade. Nos jeunes missionnaires profitèrent de ce moment d'arrêt, tant pour visiter la cité de Rubens, si connue par ses monuments de peinture et d'architecture, que pour recueillir les témoignages de sympathie et les bénédictions dont leurs premiers pas dans la carrière apostolique venaient d'être marqués (2). Ces sympathies et ces vœux, M. l'abbé Ducat les avait reçus des personnes les plus aimées. Il put lire dans une lettre

(1) *Ps.* CXXV.

(2) Il s'agit de lettres pleines de tendres adieux, que les deux missionnaires avaient reçues au moment de leur départ, et dont ils n'eurent le temps de prendre connaissance qu'à Anvers, selon que le témoigne M. Ducat dans son journal de traversée, p. 6.

de son vieux père : « Mon enfant, je demande à Marie d'étendre ses deux mains, sa droite pour te protéger, sa gauche pour me soutenir. » Et dans une autre de sa sœur Nathalie : « Bon voyage ! que l'*Ambiorix* mette ses meilleures voiles et que les marins s'activent ! C'est à l'Etoile des mers que nous confions l'équipage, en récitant chaque jour l'*Ave, maris stella.* » M. l'abbé Griffon, curé de Saint-Pierre, avait aussi voulu payer tribut d'amitié et de bon souvenir à l'apôtre de Bangkok : « Je vous félicite plus sincèrement que jamais, cher Joseph, de votre sublime vocation : vous y répondrez, grâce à ces deux sentiments qui sont identifiés avec la substance de votre âme et sous l'empire desquels on devient capable des plus grandes choses : *Substantia mea nihilum... Omnia possum in eo...* Adieu, mon ami ! Partez au nom de la très Sainte Trinité, au nom du Père qui aime les âmes, au nom du Fils qui vous envoie leur porter la paix, au nom du Saint-Esprit qui vous enseignera le secret de la leur faire accepter. » Puis, il fut encore donné à M. l'abbé Ducat d'entendre une autre parole non moins connue et également puisée dans les entrailles de Jésus-Christ : « Vous voilà tout à l'heure entre le ciel et l'eau, mon cher et digne ami, écrit M. Chevroton : que les anges de la France s'asseyent sur la proue de votre vaisseau, écartent les flots et ne reviennent ici qu'après vous avoir remis sain et sauf entre les mains des anges de Siam ! »

La parole est l'image substantielle des cœurs aimants, comme elle est l'image fidèle des âmes sincères. Quand, à l'heure d'un départ sans retour, on emporte avec soi cette parole, le déchirement est moins douloureux et la séparation moins complète.

CHAPITRE VII.

Traversée de M. l'abbé Ducat. — Accidents divers de cette longue navigation. — Passage de la ligne. — Arrivée et séjour à Syngapour. — Départ pour Siam. — Quelques détails sur le pays et l'état de la mission.

Le 22 août, à dix heures du matin, l'*Ambiorix* prenait le port. Au moment de lever l'ancre, M. l'abbé Ducat et son compagnon d'apostolat, M. Tessier, montèrent sur le pont avec tout l'équipage; la vue d'une foule immense et empressée qui couvrit en un clin d'œil le quai, la jetée et le rempart, les salves parties de la citadelle et surtout l'adieu, d'ordinaire si énergiquement exprimé, des matelots à la terre natale, émurent nos missionnaires. Un instant après, ils étaient déjà loin et avaient essuyé la dernière larme. Le vent ayant été constamment favorable, tant sur l'Escaut que dans la traversée de la mer du Nord, il ne leur fallut que quelques jours pour gagner la

Manche ; mais ici une longue et violente secousse les attendait : M. l'abbé Ducat, qui s'était promis de revoir encore une fois les côtes de France, passa son temps, tantôt dans sa cabine à lutter contre le mal de mer, tantôt sur le pont, fortement cramponné aux cordages, observant avec stupéfaction le mouvement du navire, que les flots soulevaient à trente pieds de hauteur, et s'écriant comme le psalmiste : « Les fureurs de l'océan sont vraiment belles à voir ; imposante est la majesté du Dieu qui lui dicte des lois[1] ! »

Cependant, après dix journées de bourrasques entre le cap de la Hogue et l'île de Wight, les Sept-Iles et les ports de Plymouth, l'*Ambiorix* entra dans l'Atlantique sous le souffle d'un vent d'est extrêmement favorable. Jusqu'aux tropiques, non-seulement aucun accident ne troubla cette paisible navigation, mais diverses sortes de jouissances vinrent en corriger la monotonie et en abréger le cours. De temps en temps MM. Ducat et Tessier quittaient le fond du navire, et alors quel ravissant spectacle ! une multitude de bâtiments se croisent sur la plaine liquide, l'équipage laisse

(1) *Ps.* XCII, 4.

éclater sa joie; c'est une fête. Puis, voici venir la dernière heure du jour, et avec elle le coucher du soleil, si majestueux en pleine mer; une comète qui semble vouloir baigner sa crinière dans l'océan, de petits arcs-en-ciel, des traînées lumineuses et phosphorescentes qui s'attachent à la poupe. C'est aussi à ce moment qu'on voit se jouer au sein de leur immense empire toutes les variétés de poissons; le dauphin poursuit sa proie, le marsouin tourne autour du navire; un poisson ailé vient sans gêne se reposer sur le pont. « De grands et de petits animaux vivent ensemble sous ces ondes que les navires traversent : c'est là qu'on voit le grand monstre, ouvrage, Seigneur, de votre puissance; et tous ces êtres attendent que vous leur donniez leur nourriture au temps marqué. Vous ouvrez votre main, et ils sont remplis de votre bonté; vous détournez d'eux votre face, et ils languissent (1)! »

Nos jeunes apôtres trouvaient un autre genre de distraction, lorsque la pluie les tenait bloqués à l'intérieur du vaisseau: ils se livraient à d'utiles et fraternelles causeries, ou bien, passant en revue

(1) *Ps.* CIII, 29-30.

l'équipage, s'appliquaient à une étude de mœurs. M. l'abbé Ducat était particulièrement habile à saisir le côté saillant d'une physionomie. Vient d'abord le capitaine, vieil ami de Neptune, qui commença à l'âge de neuf ans ses campagnes maritimes ; malgré les dix mille occasions qu'il eut d'apprendre le français, il en sait juste assez pour dire qu'il n'en sait point. Après lui le lieutenant ; il est bon, instruit, d'une tournure légèrement franc-comtoise qui ne peut que plaire à un Bisontin ; mais, plus préoccupé de la question de discipline que des exigences de la vie sociale, il se place à une distance qui commande le respect. Il ne faudrait pas mettre le cuisinier au quatrième rang : c'est un personnage et un type. Ne tient-il pas dans sa main, lorsqu'il épluche ses herbes, la vie des nautoniers? Le mousse qui fait de la gymnastique et les matelots qui secondent si puissamment le cabestan et le mât, à qui doivent-ils, sinon au père nourricier, leur agilité, leur prestesse, leur force? Ici une pensée grave traversait subitement l'esprit du missionnaire. Ces machines vivantes qui exécutent des mouvements jour et nuit et en tout sens, sont peut-être moralement et spirituellement paralysées ; grâce à leurs manœuvres, l'*Ambiorix* les déposera bientôt sur le rivage, tandis qu'une religion fausse, mal et méchamment pratiquée d'ailleurs, finira par les jeter dans l'abîme sans fond d'une éternité malheureuse.

Mais ce qui contribua surtout à rendre agréables à M. Ducat les premières semaines de navigation sur l'Atlantique, ou, pour mieux dire, ce qui en fit véritablement le charme, ce fut la célébration des divins mystères. Il compara cette messe dite à bord du navire à un repas splendide que prend le voyageur après un long jeûne, et aux bras maternels dans lesquels un enfant se sent enlacé à son réveil. Puis, le jour où il la célébra pour la première fois, l'*Ambiorix* venait de cingler à la hauteur du détroit de Gibraltar : c'était le moment de faire ses adieux à l'Europe : était-il possible de les lui adresser d'une manière plus solennelle et plus touchante ?

Cependant la direction particulière des courants, des pluies torrentielles, l'aspect de plus en plus varié et bizarre du ciel, annonçaient le voisinage de l'équateur. Chacun sait ce qui se pratique au moment où les vaisseaux changent d'hémisphère : le baptême de la ligne, accompagné de cérémonies grotesques, présidé par le bonhomme *Tropique,* administré par un matelot déguisé en prêtre et affublé d'un habit de chœur, est, au point de vue de la raison comme de la foi, un acte déplorable. Heureusement le capitaine épargna à MM. Ducat et Tessier la douleur d'en être témoins, déclarant qu'à son bord la ligne n'avait rien à réclamer. On la franchit le 9 octobre, par 19° de latitude australe et 30° de longitude occidentale ; puis on cingla vers le sud, sans autre accident grave qu'une pointe lancée entre les côtes du Brésil et une violente tempête à l'entrée de la mer des Indes. Saluons avec M. l'abbé Ducat l'île de la Trinité, découverte par Christophe Colomb en 1498, et occupée successivement par l'Espagne, l'Angleterre et la France ; Sainte-Hélène, volcan éteint, où s'éteignit en 1821 un autre volcan dont les mugissements venaient de faire trembler l'Europe ; le cap de Bonne-Espérance, *cape of Good Hope*, auquel se rattachent les noms de Barthélemi Diaz, de Vasco et de Jean II ; Kerguelen, île couverte de glaces, dont la vue rappelle un de nos plus célèbres amiraux, et détache ainsi l'esprit du sombre voile qui recouvre cette partie de l'océan ; puis, avant de toucher à Java, les curieux rescifs et les nombreux îlots qui bordent les côtes de l'Australie.

Notre jeune missionnaire accueillait avec empressement ces aspects nouveaux et ces souvenirs historiques. Il était temps cependant de pouvoir prendre pied ; entendons-le conjurer les ennuis de la mer et demander aux barrières qui l'enferment la liberté que réclamait jadis le prophète de Geth-Epher : « Mon *Ambiorix* commence à me » plaire comme la prison au captif : j'ai besoin » de me rappeler que les coups de tête de Joseph, » lorsqu'il était enfant, ont bien mérité cinq mois » de réclusion, et surtout de penser au divin pri» sonnier de nos tabernacles. Eh bien ! oui, mal» gré la fatigue et les impatiences fiévreuses de » ma tendresse pour les Siamois, j'achèverai les » six mille lieues sans me plaindre. Mais nous » voici en Océanie ; on jette l'ancre, et nous cé» lébrons avec ravissement, M. Tessier et moi, la » naissance du Fils de Dieu. Nous voguons de » rechef, laissant Java à notre droite, Sumatra à » notre gauche, longeant Banca aussi lestement » que possible, et rentrant par le détroit de Mac» clesfied dans la grande mer, qui nous porte en » cinq jours à Syngapour. Dieu soit béni [1] ! »

(1) Journal de traversée, p. 30, 63, 70.

M. l'abbé Ducat devait trouver à la procure de Syngapour un accueil on ne peut plus fraternel, de la part de M. Beurel et de trois confrères qu'il avait avec lui. Un peu de repos lui était d'ailleurs nécessaire afin de pouvoir arriver à Siam dans un état de santé satisfaisant ; néanmoins ni lui ni son compagnon d'apostolat ne désiraient y prolonger leur séjour. Le navire le *Success*, sur lequel ils comptaient, leur ayant fait défaut, ils ne purent reprendre leur course que le 24 mars. Ce fut une pénible épreuve pour le zèle, mais la correspondance y gagna les détails suivants :

Syngapour, ville de l'Inde transgangétique, fut fondée en 1819 par l'Anglais Thomas Raffles, dans le but d'enlever le commerce à Batavia. Aujourd'hui elle compte au moins quarante mille habitants, Européens et Asiatiques. Un missionnaire rencontre au milieu de cette population bien des choses qui l'empêchent de jouir des agréments de la position et des beautés d'une riche nature : l'argent est visiblement le but unique de tous les mouvements qu'on se donne ; les juifs passent pour de cupides commerçants : « En comparaison de nous, vous dit-on à l'oreille, ils n'ont qu'un œil pour la spéculation ! » Le traitement que les Européens font subir aux indigènes, nommément aux Indous, est si hideux qu'il fait mal à voir. Regardez cet équipage qui roule à grand train dans les rues de la cité ; au fond de la voiture, ce sont des Anglais qui se prélassent ; à côté, un says soufflant, suant, n'en pouvant plus, est obligé de suivre le cheval à la course. Puis viennent de temps en temps les fêtes de Boudha et de Brahama, ces grandes et solennelles folies qui forcent à rougir de l'humanité. M. l'abbé Ducat parle de deux dont il fut témoin ; l'une célébrée par les Chinois le premier jour de la première lune (1) ; l'autre par les Malabares à la saison de l'année qui correspond à notre carnaval. La première est plus grotesque, celle-ci plus ignoble : toutes les deux ont pour rubrique commune un tintamarre assourdissant de timbales, de tambourins et de tamtams. Tertullien faisait remarquer aux idolâtres de son temps que le culte des démons est essentiellement tumultueux. On voyait dans les cérémonies, si l'on en croit à son témoignage, une populace se livrant à des actes de la dernière dé-

(1) Jour de l'an pour les Chinois.

mence, à une licence effrénée, aux contorsions de la douleur (1).

Après avoir raconté à sa famille ses sujets de peine, le jeune missionnaire se plaît à parler de ses joies. Il y a à Syngapour une église catholique, et chaque dimanche elle se trouve remplie de fidèles. Quel bonheur de voir fraterniser ainsi des habitants de toutes les zones ! Combien est harmonieuse cette prière adressée au même Dieu en tant de langues différentes ! Qu'il est agréable d'entendre de nouveau le chant et l'orgue, lorsque pendant cinq mois on a été assourdi du bruit des ondes et des craquements du navire ! « Vraiment, ajoute M. Ducat, il n'est pas » de terre d'exil dont la religion ne puisse faire » une douce patrie. » Ce n'est pas tout : Dieu permit que durant ce long campement dans l'île de Syngapour, des religieuses amenées de Pinang, y fissent leur entrée triomphale au milieu des *vivats* de la jeunesse qu'elles venaient instruire et des cris de joie des parents (2). Il ménagea à notre cher

(1) Octavius, c. xxxvii, *versùs finem*.

(2) M. Ducat dit à cette occasion : Ce triomphe était réservé aux dames du Sacré-Cœur : elles en eussent joui, et

compatriote l'occasion de débuter dans son apostolat, soit en visitant les chrétientés d'alentour, soit en accompagnant auprès des malades quelques-uns de ses aînés. Un jour en particulier fut beau entre tous. Ce jour-là, dans l'après-midi, nous voyons M. l'abbé Ducat marcher lentement et d'un air profondément recueilli entre deux haies de bambous. Où va-t-il? On lui a dit qu'un Chinois vient d'être confessé, et qu'étendu sur une natte au fond de sa chaumière, il attend la visite de Notre Seigneur. La visite de Notre Seigneur! c'est donc, pour ainsi dire, côte à côte avec le divin Maître que son avorton d'apôtre a l'honneur de cheminer! Tandis que l'un des voyageurs descendra dans le cœur du pauvre malade avec la surabondance de ses consolations, il sera donné à l'autre, quoique indigne, de s'incliner sur sa couche douloureuse et d'embrasser dans la personne de ce moribond ses fils souffrants de Bangkok. On a dit que le chef-d'œuvre de la nature est le cœur d'une mère : ne pourrait-on pas ajouter qu'un

nous, nous jouirions de leurs éminents services si Dieu eût exaucé les vœux de Mme de Lemps et de celles qu'elle dirige à Besançon. (Lettre du 1er février 1854.)

cœur de missionnaire est le chef-d'œuvre de la grâce?

Enfin, on annonça à M. l'abbé Ducat qu'un vaisseau nouvellement arrivé au port de Syngapour, le *Sirius*, allait repartir pour Siam, et que lui et son compagnon pouvaient en profiter : il accueillit cette nouvelle en répétant son refrain favori :

Rempli de foi, de force et d'espérance,
Je vole où Dieu me prépare un labeur.
Partout j'aurai la patrie et la France :
Toute la terre appartient au Seigneur.

C'était le jour de l'Annonciation : l'Etoile des mers par conséquent dut présider à cette nouvelle traversée; elle n'y manqua pas : on comptait n'arriver au Siam qu'après Pâques; le *Sirius* y déposa nos missionnaires après onze jours de navigation. Entrons avec eux sur cette terre d'adoption, et parcourons-la d'abord rapidement afin de nous mettre à même d'y suivre les ouvriers qui vont la cultiver et de mieux apprécier le résultat de leurs travaux. Dieu, voulant que les habitants de la nouvelle Jérusalem comprissent les avantages de son agrandissement, ordonna à un jeune homme de visiter l'ancienne et de signaler l'état dans lequel elle se trouvait [1].

Du 4e au 22e degré de latitude nord et du 96e au 102e degré de longitude, entre les principautés Lao et les petits royaumes Pahang et Pérah, l'empire d'Annam et les possessions anglaises, s'étend le royaume des Libres ou la contrée des races brunes, le *Mûangthai* ou le *pays de Siam*.

Il comprend, outre le royaume de Siam, qui occupe le centre, plus de quinze petits Etats tributaires situés au nord, à l'est et au sud. Sa capitale, Bangkok, « la grande ville royale des anges, la belle et inexpugnable cité, » vue du milieu du fleuve Mënam qui la traverse, offre à l'observateur deux sections entièrement distinctes : celle de droite où dominent les huttes du peuple, les marais et les jardins, et l'autre, sur la rive gauche, à laquelle de colossales murailles crénelées et un vaste ensemble de dômes, de flèches et de pyramides, contrastant avec l'éternelle verdure, donnent un aspect aussi nouveau que saisissant au premier abord. Ce qui frappe surtout lorsque de la cité de Bangkok on rayonne sur les quarante provinces, c'est l'étendue des plaines, le caractère de grandeur que la

(1) *Zachar.*, II.

nature revêt dans les montagnes, le pittoresque des sites maritimes, partout le bouillonnement de la vie dans un sol exubérant.

La population du royaume de Siam, qui ne s'élève guère au-dessus de six millions, n'est pas moins variée que la surface du pays. Aux naturels de la contrée se sont adjoints, par immigrations successives et à des époques plus ou moins reculées, les Malais, les Annamites, les Cambogiens, ceux du Laos et de la Chine. Le Siamois est gai et insouciant ; l'émigré de Sumatra, cupide, traître, hardi et féroce ; ce qui distingue l'Annamite, c'est la susceptibilité, l'activité et le dévouement ; on reconnaît l'habitant du Camboge à son mélange d'orgueil et de misère, de fourberie et de grossièreté, de paresse et de servilisme. Quant au Laotien et au Chinois, outre que leurs caractères tranchent sur celui des autres peuplades, ils diffèrent entre eux comme l'enfant et l'homme mûr : celui-là est soumis, confiant et fidèle, celui-ci d'une intelligence remarquable, mais presque constamment tournée aux ruses du commerce et aux perfidies d'un égoïsme intéressé. A la vue d'un objet qui pique sa curiosité, le Chinois raisonne ; un homme du Laos ne sait dire que « Di ! di ! C'est beau ! c'est beau! » N'y eût-il dans la mission où nous allons suivre M. Ducat que ces nuances infinies d'esprit et de tempérament, cela suffirait déjà pour assurer à l'apôtre de Jésus-Christ, à défaut de la cangue et du coup d'épée, la couronne d'un long martyre. L'art de se faire tout à tous est en général d'une pratique difficile; mais pour prendre successivement tant de formes, il faut renouveler chaque matin l'immolation complète de soi.

Toutefois, ce n'est point de ce côté que surgissent les plus grandes difficultés : le réseau de croyances absurdes et superstitieuses qui enveloppe le Siam et le retient à une distance immense du royaume de Jésus-Christ, constitue un obstacle bien autrement redoutable. Comment substituer à Boudha, déité grossière, bichon de mer ou singe gris de la forêt avant ses cinq cents transformations, un Dieu caché dans les hauteurs inaccessibles de l'infini? Quel est le moyen de faire accepter l'histoire de la création, si précise, si simple, si bien circonscrite, à des imaginations orientales qui se repaissent d'une cosmogonie vague comme le panthéisme et pleine d'origines mythologiques dont la Grèce n'offre qu'un pâle reflet? Où est le rapport qu'on peut faire saisir au disciple de Phra-

Khôdom, entre la doctrine catholique sur les esprits bienheureux, et ce qu'il croit, lui, des palais mobiles où voyagent les anges de l'air et de l'ignoble généalogie des anges terrestres? Notre morale est sublime; les peines et les récompenses, qui en sont la sanction, durent éternellement; nous prions et *adorons en esprit et en vérité* : rien de semblable dans le Trai-Phum, ni sous les voûtes de la pagode. Un des plus grands crimes du Siamois, c'est d'avoir tué un insecte en remuant la terre; le terme final que doivent atteindre le boudhiste vertueux et l'homme pervers, c'est l'*immortel et précieux anéantissement;* tout le culte consiste à prier Boudha, soit en articulant l'une après l'autre ses qualités divines, soit en énumérant les trente-deux parties du corps humain; à se munir d'amulettes et de mille précautions superstitieuses contre les influences de la nature, à se dépouiller dévotement pour subvenir aux besoins du cupide et paresseux talapoin.

Quand on se représente *ces profondeurs de Satan* (1) et qu'on réfléchit à de telles entraves, on

(1) Quicumque non habent doctrinam hanc et qui non cognoverunt altitudines Satanæ, non mittam super vos aliud pondus. (*Apoc.*, II, 24.)

conçoit à peine que, malgré les franchises dont jouit le missionnaire et même certaines dispositions plutôt favorables qu'hostiles à la foi, Jésus-Christ ait fait et continue à faire dans le pays de Siam une moisson d'élus. En 1854, année qui ouvre la carrière apostolique de M. l'abbé Ducat, le personnel de la mission se compose d'un évêque, Mgr Pallegoix, de huit prêtres européens et quatre prêtres indigènes. On compte dans la seule ville de Bangkok cinq camps, comprenant ensemble environ quatre mille cinq cents fidèles, et, sur différents points du royaume, trois mille chrétiens groupés autour de leurs églises respectives ou dispersés chez les païens. Deux missionnaires français, dévoués à l'œuvre du clergé indigène, dirigent un collége-séminaire qui renferme trente élèves. L'éducation des filles et la visite des malades sont confiées à vingt-cinq religieuses qui occupent quatre couvents et portent le nom de *servantes de la Mère de Dieu*. Les garçons sont instruits et soignés par cinq maîtres d'école, et accidentellement par des catéchistes, dont le nombre est bien trop petit pour les besoins de l'œuvre, mais qui ont le secret de se multiplier lorsque les circonstances l'exigent. Une imprimerie est établie dans la capitale pour les besoins généraux et particuliers de la mission (1).

(1) Ces détails sont empruntés à Mgr Pallegoix : *Description du royaume Thaï ou Siam*, et à H. Mouhot : *Nouveau Journal des voyages*. Ce dernier cite l'ouvrage de l'évêque de Mallos *comme le meilleur livre qui ait été écrit sur le royaume de Siam*. (4e année, n° 196.)

CHAPITRE VIII.

Visite officielle de M. l'abbé Ducat aux chrétientés de Bangkok. — Un moment d'épreuve. — Travaux de notre missionnaire à Sainte-Croix. — Il est envoyé à Jongsalang. — Son ministère au milieu des insulaires.

Deux jours après leur arrivée, que les missionnaires présents à Bangkok et les élèves du collége avaient fêtée de la manière la plus touchante, il fallut que MM. Ducat et Tessier rendissent une visite officielle aux différentes chrétientés. « Cette visite » est une véritable cérémonie; c'est M. Ducat qui » parle : à une heure prise d'avance, les nouveaux » venus se présentent, accompagnés d'un de leurs » collègues, sur le terrain de l'église, et alors le » son des cloches, renforcé de la musique retentissante des tam-tams, appelle les fidèles, qui » viennent en foule se grouper autour des pères. » Leur air de simplicité, la joie qui se peint sur » leurs visages, l'empressement qu'ils mettent à

» déposer à vos pieds des fruits, des gâteaux, des » nattes, tout contribue à dilater le cœur. On est » muet comme le poisson du Mënam, mais pour » suppléer au jacassement monosyllabique du » peuple et à l'élégant siamois ou balie des doc- » teurs, il y a le divin langage des âmes qui se » voient dans le même Dieu et se pénètrent réci- » proquement à la lumière d'une même foi. » Nos jeunes apôtres revinrent de cette première expédition un peu fatigués, mais saintement joyeux.

A peine M. l'abbé Ducat eut-il pris quelques heures de repos, que le pro-vicaire l'envoya au camp annamite de Saint-François-Xavier de Bangkok, pour y remplacer, durant la semaine sainte et aux fêtes de Pâques, un confrère malade. Dans cette circonstance, il fut témoin du zèle et de la piété de ces pauvres chrétiens; les chants qu'ils avaient préparés dans l'intention, disaient-ils, de charmer son oreille et de le déterminer ainsi à rester parmi eux, l'émurent profondément; Dieu lui ménagea même l'occasion de baptiser une catéchumène; mais, d'un autre côté, comme il n'avait plus avec lui l'interprète de la veille et qu'il n'était allé cette fois ni pour voir ni pour être vu, il sentit vivement l'inconvénient de ne pouvoir adresser à qui que ce soit une parole d'amitié ou de salut. Rentré au collége, il écrivit plusieurs lettres empreintes d'un sentiment pénible et dans lesquelles nous trouvons ces phrases entrecoupées, qu'on prendrait pour des soupirs : « Pourquoi faut-il qu'avec un esprit lourd j'aie encore un gosier rebelle? — Ne suis-je pas trop âgé pour renaître par le langage, le ton et les manières, à une nouvelle existence sociale? — Mon Dieu ! si vous me refusez le don de science, accordez-moi le don de force. » Une circonstance spéciale contribua encore à augmenter cette amertume passagère, que le Maître et Seigneur des apôtres ne dédaigna pas de ressentir lui-même : M. Ducat, reparaissant au milieu de la communauté, avait cru faire plaisir aux élèves en étalant devant eux un croquis de Besançon et de la banlieue : or, l'un d'eux trouva tout naturel de lui dire en latin : *Pater, ubì domus patris nostri dilectissimi et reverendissimi patris* (1) ? Soit que notre missionnaire fût touché de la naïveté de cette question, soit qu'en cherchant de l'œil le quartier qu'on désirait voir, il se

(1) Père, où est la maison du père de notre bon et vénérable père?

représentât les êtres chéris dont il était peuplé, le cœur lui serra.

Or, cette épreuve violente ne fut pas de longue durée : dès les jours suivants, M. l'abbé Ducat se remit, plein de courage, à l'étude de la langue siamoise, dont il avait déjà cherché à saisir les premiers principes à Paris et durant la traversée. Grâce à son ardeur, plutôt encore au secours particulier que Dieu réserve pour cette circonstance, les progrès dépassèrent les espérances. A la fin de juillet 1854, on put lui confier le camp de Sainte-Croix, et aux fêtes de la Toussaint de cette même année, il commentait aux fidèles, de manière à être compris, le texte de l'Apôtre : *Nous n'avons point ici-bas de cité permanente* (1). Dès lors rien ne le déconcerta, ni l'ennui de s'accouder des heures entières dans un coin de sa cellule, ni les exigences pénibles d'un indigène, le P. Hoi, qui voulait amener son élève à toutes les délicatesses de l'accentuation, ni même certains sourires qu'il remarqua de temps à autre durant les catéchismes. « Dieu voulant la fin, se disait-il, voudra les » moyens : donc j'arriverai à donner à mon en-

(1) *Hebr.*, XIII, 14.

» seignement non-seulement une forme accep-
» table, mais une couleur locale. En attendant,
» faisons bonne contenance ; c'est assez d'être bête
» de somme devant Dieu (1). » Quant aux autres obstacles contre lesquels se heurte à chaque pas le pied des missionnaires siamois, M. Ducat s'habitua à ne les considérer jamais sans se rappeler en même temps un motif d'encouragement. Sainte-Croix de Bangkok est une croix d'autant plus lourde, qu'après avoir reçu les soins d'un missionnaire habile, mais d'une santé faible (2), cette chrétienté a été forcément un peu délaissée ; qu'importe ? Les mérites de celui qui l'a sur les épaules n'en seront que plus grands. Il y a, ce semble, peu à espérer dans les conditions où il se trouve : les fidèles sont d'un caractère léger, ils se sentent perpétuellement influencés par les scandales des idolâtres ; l'état d'indigence dans lequel ils vivent ne permet pas de pourvoir, comme on le voudrait, aux besoins et à l'éclat du culte ; sur aucun de ces points

(1) Lettres écrites de Siam, 2e cahier, p. 38-39.

(2) M. Grandjean, du diocèse de Saint-Dié. Une lettre du 26 juillet 1861, que nous avons sous les yeux, révèle dans cet ancien missionnaire une âme ardente et un esprit vigoureux.

M. l'abbé Ducat ne devait se faire illusion ; mais, à la légèreté du caractère il opposait la bonté du cœur : outre qu'il voyait dans la foi simple et vive de ses enfants en Jésus-Christ un contre-poids à l'entraînement du mauvais exemple, cet exemple même tendait à constater une différence consolante entre eux et les adorateurs de Boudha. Puis, jetant ses sollicitudes dans le sein de Dieu, qui est jaloux de la gloire de son autel, le saint missionnaire se persuadait avec raison que les fêtes ne manqueraient jamais d'un certain décor, ni les cérémonies de décence. Déjà il était à même d'en fournir la preuve : un jour que des choses indispensables pour la célébration du saint sacrifice lui faisaient défaut, c'était le vendredi, il se prit à gémir secrètement de ne pouvoir honorer convenablement le lendemain notre céleste Mère : or, l'instant après, un païen malade vint lui demander d'intercéder pour lui auprès du grand Maître du ciel, déposant sur sa natte, à titre d'honoraires, ce dont on avait besoin dans la circonstance (1).

Une année se passa ainsi à l'étude des langues, sous le poids de préoccupations incessantes et au

(1) Lettres écrites de Siam, 2e cahier, p. 33.

milieu des travaux toujours plus ou moins incertains d'un début. Le fruit qu'en recueillit M. Ducat, bien qu'imperceptible à ses propres yeux, n'en fut pas moins considérable. La paroisse de Sainte-Croix de Bangkok était sortie de son demi-sommeil; les pratiques extérieures se trouvaient remises non-seulement en vigueur, mais en honneur ; dix enfants païens, parmi lesquels une petite fille capable de rendre dans la suite d'importants services aux missionnaires, avaient reçu la grâce du baptême. N'était-ce pas le cas de redire, avec saint Augustin, qu'un apôtre de Jésus-Christ fait en peu de temps sur la terre infidèle ce que fit Elie dans la ville de Sarepta ? Comme le prophète en respirant sur un cadavre y ramena insensiblement la vie, ainsi l'apôtre qui s'abat en quelque sorte sur une population idolâtre pour la réchauffer des ardeurs de son zèle, la voit bientôt se lever, secouer la poussière et marcher (1).

Du reste, les habitants de Sainte-Croix allaient avoir, sans s'y attendre et sans que M. Ducat s'y attendît lui-même, l'occasion de rendre témoignage du bien opéré parmi eux. Mgr Pallegoix, appelé en

(1) Aug. *serm.* 201.

Europe depuis plus de deux ans par les besoins de la mission, rentra à Siam au mois de juin 1855. Durant cette longue absence, les tendances libérales du gouvernement Thaï n'ayant fait que se développer, Sa Grandeur crut devoir en profiter sans retard ; et comme d'ailleurs le Laos, c'est-à-dire toute la partie nord, était tombée sous la juridiction de Mgr Miche, vicaire apostolique du Camboge, ce fut vers le sud qu'elle tourna ses vues, notamment vers l'île de Jongsalang.

Jongsalang n'était point restée jusqu'alors étrangère à la connaissance de l'Evangile ; dès l'an 1670 nous y trouvons un missionnaire, M. Perez, dont le nom figure avec gloire dans nos annales ; plus tard, M. Rabeau, prêtre exilé par la révolution, y fut envoyé par la congrégation des Missions étrangères à laquelle il s'était attaché, et y resta jusqu'à la conquête de l'île par les Birmans en 1809. Depuis lors, les pauvres chrétiens de Jongsalang avaient été comme *des enfants qui demandent le pain de la parole sans que personne se présente pour le leur rompre* (1).

(1) Parvuli petierunt panem, et non erat qui frangeret eis. (*Thren.*, IV, 4.)

Une fois le pays à éclairer et à moraliser déterminé, il restait à désigner les sujets. Le choix de Mgr de Mallos tomba sur M. Lequeux, du diocèse d'Autun, et sur M. l'abbé Ducat. A peine cette résolution eut-elle transpiré, qu'elle jeta la consternation dans le camp de Sainte-Croix; pleins de tendresse envers celui qui, dans l'espace d'un an, avait dépensé plusieurs années de vie à leur instruction, à leur salut et même à leur bien-être matériel, les fidèles vinrent en foule déposer à ses pieds leurs supplications et leurs larmes. « Ils » m'assiégèrent, dit M. Ducat; puis, après avoir » levé le siége, ils assiégèrent notre Madone, » flambeaux à la main; enfin, vint le tour de » Monseigneur, qui eut besoin de toutes ses batte» ries pour résister à l'assaut. Je ne me croyais » pas si bien logé dans leurs cœurs; et moi-même » je ne sentis combien je leur étais attaché que » quand il fallut briser la chaîne. »

Cette douloureuse séparation eut lieu le lendemain de l'Assomption. MM. Lequeux et Ducat s'embarquèrent sur le vaisseau l'*Elisabeth*, qui faisait voile vers Rangon par Syngapour et Pinang; ils avaient obtenu du vicaire apostolique une bénédiction qui devait contribuer au succès de leur ministère, et afin d'en assurer le libre exercice, s'étaient munis, auprès du ministre de Sa Majesté siamoise, d'une lettre-patente ainsi conçue :

« Lettres du seigneur phaja, grand dignitaire, ministre invincible, auguste chef sur mer, divin Kâlahom, aux autres phajas :

» Vu qu'il est émané de la bouche du roi un ordre divin, délicieux, commandant qu'il faut accorder et faire paraître une missive scellée...

» Nicolas et Joseph, missionnaires, vont se fixer, pour enseigner la religion chrétienne à qui voudra l'embrasser, dans les provinces de Jongsalang, de Takua-thung, de Takua-pa, de Phanga.

» Or, ceux-ci sont venus à Bangkok, et l'évêque a reconnu qu'ils sont gens de bien, capables d'enseigner la religion aux chrétiens présents et à venir dans les pays de Jongsalang, de Takua-thung, de Takua-pa et de Phanga.

» Ils peuvent donc le faire... Et que le phaja Borirak, le phaja de Salang et les dignitaires mandarins pourvoient, comme il convient, à ce que pleine liberté soit donnée à ces deux missionnaires de s'établir où bon leur semblera, et d'enseigner la religion de Fra-Jésus à nos sujets qui désireront la connaître.

» Les présentes expédiées le jour du soleil 8e mois, 8e lune ascendante, année du lièvre, 28 du grand cycle, 8 du petit cycle, 3e décade (1). »

Nous ne nous arrêterons point à décrire la course de nos deux missionnaires. M. l'abbé Ducat semble avoir constamment voyagé sous un ciel un peu sombre : outre qu'il reçut, dans l'intervalle, la nouvelle de la mort de M. Ripps, son beau-frère et ami, plusieurs incidents survinrent qui durent l'impressionner péniblement. Aux alentours de Malacca, un missionnaire franc-comtois, perdu dans de sauvages et immenses forêts (2), semblait le conjurer de s'arrêter une heure ; le navire cingla sans miséricorde. Arrivé à Pulo-Pinang, on avait projet de faire une courte retraite dans une chrétienté voisine où tout porte au recueillement ; le jour même où elle devait commencer, il fallut monter une jonque qui tenait la direction de Jongsalang ; puis, plusieurs fois M. Ducat eut occasion de parcourir du regard une plage triste et déserte ; alors il se disait : « Mes enfants de Sainte-Croix

(1) 29 juillet 1855.

(2) M. l'abbé Contant. — Il est mort dans sa mission un mois après M. Ducat.

» me promettaient de beaucoup pleurer à l'enterrement de leur père : la vue de mon tombeau » les eût portés à prier pour moi. Mais maintenant que dois-je attendre, destiné que je suis » peut-être à mourir au fond d'une grotte ? Vous » du moins, mes amis, quand vous apprendrez » que j'ai fini ma course, ayez pitié de moi (1) ! » Ces dernières paroles, empruntées à Job, en rappellent une autre également sortie de sa bouche et qui s'applique particulièrement au missionnaire : *Vivre, c'est lutter* (2). Hâtons-nous d'ajouter cependant qu'au fond de cette mélancolie et de ces pensées graves il n'y avait pas l'ombre d'un regret. M. Ducat tenait d'une main ferme et sans regarder en arrière la charrue qui devait labourer son nouvel héritage : quand il toucha à cette terre désolée, bien loin de la considérer d'un œil chagrin ou indifférent, il éprouva en lui-même le frémissement du zèle que saint Paul ressentit en arrivant parmi les superstitieux Athéniens. On était au 20 novembre (3).

(1) Miseremini mei, saltem vos amici mei. (*Job*, XIX, 21.)
(2) Militia est vita hominis. (*Job*, VII, 1.)
(3) M. l'abbé Ducat se plaît à faire remarquer comme

Le premier souci des deux missionnaires, en abordant à Jongsalang, fut de se mettre à la recherche des chrétiens échappés à la fureur des Birmans. C'était, hélas ! glaner après les moissonneurs ; ils ne devaient trouver dans l'île que quinze fidèles, cinq à Thung-Kha, ville principale et résidence du gouverneur ; les autres, formant entre eux deux familles qui, pour mieux conserver le dépôt de la foi, s'étaient isolées dans la partie nord. Pour surcroît de peine, une étendue immense de forêts sans issue ni sentiers les séparait de ce dernier et précieux débris : il leur fallut errer un jour entier, escaladant d'énormes troncs d'arbres, franchissant les mares, glissant à droite et à gauche, et se demandant de temps en temps si, au lieu de rencontrer les brebis perdues de la maison d'Israël, ils n'arriveraient pas à quelque repaire de tigres. M. Lequeux plaisantait sur ce qu'il appelait le côté poétique de cette rare expédition : « Dam ! oui, répliquait M. l'abbé Ducat en heurtant une racine, rien de plus poétique pour

une circonstance de bon augure qu'en ce jour l'Eglise honore saint Félix de Valois, fondateur de l'ordre de la Trinité pour le rachat des captifs.

ceux qui en liront le récit dans une soirée d'hiver ou à l'ombre d'un bosquet. » Enfin, Dieu permit que le voyage se terminât heureusement; les pauvres chrétiens, en retrouvant des pères, ne surent comment rendre ce qu'ils éprouvaient; c'était un mélange de surprise, de crainte et de honte. L'heure présente leur semblait un rêve, ils rougissaient du passé, et en face de l'avenir leur pusillanimité se demandait s'il serait possible de revenir à l'austère morale de Jésus-Christ. M. Lequeux promit de les revoir aux fêtes de Pâques, réservant à son digne émule le soin du petit bercail de Thung-Kha.

Après cette démarche, MM. Ducat et Lequeux se virent obligés d'en hâter une autre, moins pénible pour la nature peut-être, mais à coup sûr moins douce à leurs cœurs d'apôtres : il s'agissait de prendre légalement possession du pays, en produisant devant les phajas et mandarins la lettre royale dont ils étaient porteurs. Ils se mirent donc de nouveau en route, et, profitant tantôt de quelque barque, tantôt du service des éléphants, ils conquirent en moins d'une semaine droit de bourgeoisie partout. M. l'abbé Ducat tint particulièrement à donner de la pompe à la visite qu'ils firent au gouverneur de Kasom : chez lui, la pièce signée de Sa Majesté dut être portée dans un vase précieux, montrée à tous les assistants et lue publiquement. Ce personnage, Siamois pur sang, s'était constamment montré hostile aux idées chrétiennes ; il convenait de le lier par un engagement solennel.

Puis encore était-il nécessaire, avant de songer aux travaux d'un apostolat régulier et sérieux, que nos deux missionnaires eussent un centre d'action. Ce centre d'action supposait une demeure fixe, et ils purent se la donner à peu de frais ; M. l'abbé Ducat lui-même s'est chargé de nous dire comment.

« A notre arrivée, nous étions logés dans un » bazar ; le poste n'était pas tenable, et d'ailleurs » un chez soi paisible, pour si modeste qu'il puisse » être, est bien nécessaire au missionnaire, quand » il s'est dépensé tout le jour dans un pénible » labeur. Donc nous avons cherché, et en cher- » chant nous avons trouvé. Figurez-vous un vaste » terrain en friche : sur les côtés s'élèveront les » maisons des ouailles qui désireront vivre à » l'ombre de la houlette ; au milieu se dresse » déjà tant bien que mal la baraque des deux ber- » gers. C'est un échafaudage composé de colonnes » en bois de mer et couvert de larges feuilles

» Tout sera terminé lorsque nous aurons habillé » de bambous la gothique construction : un grammairien dirait sans figure : quand nous aurons » élevé les murailles (1). » N'est-il pas touchant de voir ces hommes de Dieu travailler de leurs mains pour n'être point à charge à leur troupeau? Il paraît qu'au souvenir de saint Paul, occupé la nuit à construire sa tente, les habitants de Thessalonique se sentaient attendris. Nos deux missionnaires en font autant que le grand Apôtre, sans espérer que leur dévouement sera compris.

Tout étant disposé et réglé, MM. Lequeux et Ducat se mirent à l'œuvre. Le ministère du prêtre, parmi les insulaires de Jongsalang et des provinces voisines, n'offre en général rien d'éclatant : c'est une succession non interrompue de visites aux familles, de conversations instructives ménagées par les circonstances, de courses plus ou moins longues, dont le but est de remédier à un désordre ou de seconder les opérations de la grâce dans certaines âmes. La pêche qui rompt les filets y serait, eu égard à l'apathie et à la faiblesse des caractères, un miracle plus éclatant que celui de Géné-

(1) Lettres écrites de Jongsalang. — 2e cahier, p. 163.

zareth. Aussi est-il aisé de résumer l'apostolat de deux années qu'y exerça notre missionnaire. On le vit d'abord se jeter au milieu d'une épidémie qui menaçait les chrétiens du nord de l'île. Le voyage fut d'autant plus pénible, qu'indépendamment de la difficulté des chemins, M. Ducat était lui-même souffrant : il ne trouva pour se loger que de pauvres huttes où les malades et garde-malades formaient un bruyant pêle-mêle. Néanmoins sa joie fut abondante. Comment la joie d'un apôtre n'abonderait-elle pas lorsque abondent les occasions de pratiquer la charité et le zèle? Puis, Notre Seigneur était là; on lui avait improvisé un autel, et son valet avait l'honneur de prendre son repos sur le marche-pied, comme le chien à la porte de son maître! Si cette comparaison blessait notre oreille, il suffirait de nous rappeler un mot de saint Léon : « Ce qui est inspiré par une foi vive et ardente est toujours beau (1). »

Peu de temps après son retour à la résidence commune, M. l'abbé Ducat repartit pour le pays de Takua-Thung, où il dut séjourner assez long-

(1) Quæ per se vilia sunt, fides efficit pretiosa. (S. Leo Magn.)

temps. Un rayon de lumière avait aussi éclairé autrefois ces côtes incultes et à demi sauvages, mais il était aujourd'hui si pâle, qu'on put à peine distinguer certaines ruines. Ce fut d'abord la population de Bang-Klaï que ses usages et ses souvenirs firent reconnaître pour une postérité dégénérée des anciennes familles chrétiennes. Notre jeune apôtre s'efforça d'arracher les enfants à l'éducation qu'ils recevaient dans les pagodes, prépara au baptême plusieurs adultes et chercha à éveiller le remords dans les âmes. Ce travail de régénération exigea de lui un courage de longue haleine : à tout ce qu'il demandait, les pauvres Siamois s'empressaient de répondre : *Kho, rab!* — *Oui, père!* Mais ils s'en tenaient là. Quand il leur expliquait un point de doctrine ou un précepte de morale, au moment même où tout le monde paraissait attentif, un des auditeurs l'interrompait, soit pour raconter quelque histoire insignifiante, soit pour lui demander s'il mangeait beaucoup de riz. M. Ducat était-il enfin parvenu à les convaincre, rien n'était fait encore tant qu'il ne les avait pas rassurés contre les vaines terreurs du respect humain, les reproches de leur famille et le rotin du gouverneur. Fatigué un jour de voir ce phaja se dresser comme un épouvantail devant les timides néophytes, il alla résolûment le trouver. A sa vue, le nouvel Hérode fit signe à ses gens de l'éconduire. « Ils ne m'éconduiront pas, cria l'intrépide apôtre; » et d'un regard il arrêta la troupe. A deux reprises, le gouverneur quitta son siége pour éviter des interpellations qui le fatiguaient; deux fois M. Ducat abandonna le sien et reprit place à côté de lui : « Noble phaja, lui dit-il, je vous demande liberté pour la foi que je prêche. — Je ne saurais permettre à ceux qui ont connu la religion boudhiste de retourner aux farangs. — Vous parlez sérieusement, gouverneur? ajouta notre missionnaire : eh bien, je prends acte de votre réponse pour la transmettre à Sa Majesté Thaï. » Cette entrevue eut un double résultat; elle fit comprendre au phaja que les ordres du gouvernement siamois ne devaient pas être une lettre morte; elle apprit aux nouveaux convertis à mépriser l'autorité de l'homme lorsqu'elle est en contradiction avec l'autorité de Dieu.

Outre les travaux ordinaires du ministère apostolique, M. l'abbé Ducat s'imposait encore, où qu'il se trouvât, une tâche spéciale : c'était d'enseigner la théologie à un clerc indigène, et les lettres latines à quatre jeunes Siamois. Un décret de Rome, en date du 28 octobre 1630, impose aux missionnaires d'Orient le soin d'instruire et d'élever au sacerdoce les indigènes que des épreuves suffisantes montreraient capables. Mais, à défaut de cette injonction formelle, qui ne permet pas de révoquer en doute l'importance de la chose, l'exemple des évêques des premiers siècles, l'avantage immense que donnent aux prêtres du pays la sympathie de leurs compatriotes et la connaissance parfaite des usages, suffiraient pour convaincre toute personne de bonne foi. Voilà pourquoi la pensée de contribuer à cette œuvre poursuivait sans cesse l'apôtre de Jongsalang. « Ma » chaire de théologie et de grammaire amuserait » beaucoup nos savants d'Europe, dit-il ; j'y at- » tache, moi, plus d'importance qu'à une chaire » de faculté. Je l'occupe quand j'ai un moment de » répit : Jē est là, recueillant ma doctrine tantôt » habillée de latin, tantôt bigarrée de siamois, » selon qu'elle a besoin de l'un ou l'autre cos- » tume pour obtenir l'entrée de son intelligence. » Au fond, cela convient parfaitement, puisque le » professeur lui-même portait hier la toge ro- » maine et s'affuble aujourd'hui du langouthi.

» Quant à mes autres élèves, voyez, bonne famille, si vous saviez où ils en étaient, je les produirais devant vous avec une sorte d'orgueil. » Deux surtout me donnent de grandes espérances, » Henri et Martin : l'esprit du premier s'ouvre sensiblement et son caractère s'améliore. L'autre, » plus instruit d'ailleurs, retourne quelquefois » à son vomissement ; mais, pour le ramener, il » me suffit de deux mots : *Martino, le démon te* » *tente; je ne puis le laisser vainqueur sur* » *toi* (1)*!* » Cette sorte d'éducation à part, qui exige de M. Ducat tant d'esprit de sacrifice, n'aura pas tout l'effet qu'il en attend ; mais nous verrons plus tard qu'elle portera son fruit.

Dieu lui accorda d'ailleurs, à titre d'encouragement et par anticipation, de magnifiques avances. L'image favorite sous laquelle M. l'abbé Ducat se représentait le ministère apostolique justifiera cette expression. Selon lui, c'était une société en commandite pour l'exploitation des âmes : l'évêque était le premier mandataire, le missionnaire un simple gérant, Dieu le trésorier, et l'actionnaire

(1) Recueil des lettres écrites de Jongsalang, p. 22, 109, 110.

toute personne pieuse s'intéressant au salut des idolâtres. Il était amené de la sorte à compter les baptêmes et les conversions, comme les négociants supputent leurs bénéfices et leurs ressources. Or, ces richesses spirituelles, notre cher missionnaire les recueillit dans la plupart des lieux qu'il parcourut, à Takua-Thung et à Thung-Kha, où il conféra à un grand nombre d'enfants et d'adultes le sacrement de la régénération ; à Lin-Xan, où une famille entière, suivant l'exemple de son chef, comme autrefois la maison du centurion Corneille, embrassa la foi qu'il leur prêcha ; à Bang-Khaï, où il abrita à plusieurs reprises une vertu timide et délicate contre les poursuites du mandarin éhonté; dans plusieurs villages ou cités du Ligor, qui fournirent à son zèle des confessions à entendre, des réconciliations à opérer et des mourants à assister. M. l'abbé Ducat passa en faisant le bien, parce que Dieu était avec lui (1). Ce mot est le résumé de son apostolat à Jongsalang.

(1) Pertransiit benefaciendo..., quoniam Deus erat cum illo. (*Act. Apost.*, x, 38.)

CHAPITRE IX.

M. l'abbé Ducat est rappelé de Jongsalang par son évêque. — Son passage à Malacca et sa visite aux Mantras. — Rentrée à Sainte-Croix de Bangkok. — Travaux du jeune missionnaire. — Coup d'œil général sur le caractère, les fruits et le mérite singulier de son apostolat.

En confiant à MM. Lequeux et Ducat la mission de Jongsalang, Mgr Pallegoix leur avait demandé, dans un délai dont il les laissait juges, un exposé de leurs travaux et de leurs succès. Sur ce rapport, expédié au mois de novembre 1856, Sa Grandeur avait déjà pris le parti de rappeler à Bangkok un des deux missionnaires, pour aviser à certaines mesures et obtenir du roi de nouvelles lettres qui protégeassent plus efficacement la foi et la liberté contre la tyrannie des satrapes. Les paroisses de la Conception et de Sainte-Croix étant venues à vaquer sur ces entrefaites, l'évêque de Mallos crut plus important de les pourvoir que de prolonger dans le sud une mission dont l'avenir lui paraissait précaire. Il écrivit donc de nouveau à M. Lequeux, pour l'avertir que le compagnon de ses travaux, déjà en route pour Siam, ne retournerait pas, et que lui-même devait le suivre au plus tôt.

Au moment où cette seconde lettre arrivait à Jongsalang, M. l'abbé Ducat faisait son entrée au port de Malacca, dans l'intention de visiter la ville et d'aller ensuite saluer l'apôtre des Mantras, vieil ami de classe et compatriote bien-aimé, à côté duquel il avait passé en essuyant une larme deux ans auparavant. L'aspect de l'ancienne métropole des Indes inspira à notre missionnaire de graves réflexions. Ceux dont le regard est trop faible pour s'élever jusqu'à une cause première, peuvent attribuer à la politique, aux hasards et aux circonstances, les vicissitudes dont ils sont témoins; lui, en voyant à droite et à gauche les maisons isolées et les boutiques malpropres où s'agitent vingt-cinq mille habitants, n'hésita pas à se dire : *Ici Dieu a tiré son glaive* (1) ! Malacca, revêtue de force et de splendeur, devait ouvrir à l'Evangile les portes de la

(1) Cadet Assur in gladio non viri, et gladius non hominis vorabit eum. (*Is.*, XXXI, 8.)

Chine ; or, non-seulement elle a été infidèle à cette haute mission, mais aujourd'hui encore elle veut être le principal centre du schisme que l'orgueil des Portugais entretient en Orient. N'est-il pas toujours le même et également jaloux du gouvernement du monde, le Dieu qui sévit autrefois contre des cités florissantes, mais aveugles ou ingrates ? Babylone a vu l'Arabe passer devant elle avec dédain et aller planter sa tente ailleurs, parce qu'au lieu de l'hospitalité que le Seigneur lui demandait pour son peuple, elle lui a offert le glaive ou le joug. Jérusalem, qui se nommait la Paix, s'est appelée Désolation, pour n'avoir pas voulu marcher dans la voie tracée devant elle. Damas, dont la destinée était glorieuse, a été humiliée dans la poussière le jour où son orgueil s'est affranchi de la tutelle de Dieu.

Ce fut en repassant dans son esprit ces pensées et ces souvenirs, que M. Ducat arriva au milieu de la chrétienté des Mantras. Dire avec quels transports de joie il fut accueilli par le père de cette petite famille, M. l'abbé Contant, ainsi que de la part de M. Borie, son ardent coopérateur, c'est à quoi il faut renoncer. Nous laisserons même volontiers la parole au héros de la fête, à propos de tous les détails qui s'y rattachent : racontés par lui, ils intéresseront davantage le lecteur et seront, en particulier pour les personnes vouées à l'œuvre de la Sainte-Enfance, un puissant encouragement.

« Me voici depuis quelques heures au fond de la » plus sombre retraite qu'ait jamais découverte » Cook ou le Juif-Errant. Je pouvais m'attendre à » n'y rencontrer d'autres traces de civilisation que » le genre de vie, la politesse chrétienne et le lan- » gage de deux Européens. Or, j'ai eu constam- » ment sous les yeux de petites troupes d'enfants » des deux sexes aux allures modestes et aisées. Au » premier bruit de mon arrivée, tous sont venus » m'offrir leurs hommages avec autant de grâce » que les séminaristes de France les mieux formés. » Après notre frugal repas du soir, ils se présen- » tèrent de nouveau avec des bouquets à la main ; » puis, rangés sur deux lignes, ces anges de la » Malaisie chantèrent à deux chœurs le cantique » *Vive Jésus ! c'est le cri de mon âme*, traduit en » leur langage ; *Ave, maris stella*, en latin ; et, » en français très bien articulé, les couplets que » Mgr Borie entonna en allant au supplice. Il restait » à nous souhaiter bonne nuit ; quelle ne fut pas » ma surprise lorsqu'en s'en retournant sur deux

» rangs comme ils étaient venus, ils envoyèrent » à mon oreille le chant des montagnards! A » l'heure qu'il est, heure douloureuse du lende- » main qui va me séparer d'eux, je les contemple » une dernière fois à genoux et recueillis devant » l'autel du sacrifice. O œuvre de la Sainte-En- » fance! voilà une de tes merveilles: elle ne s'opère » pas, comme d'autres, d'une manière éclatante, » au milieu des cités populeuses de la Chine et sur » des légions de petites créatures arrachées aux » égouts et jetées au ciel; mais, quelque bien voilée » qu'elle soit par le feuillage du rak et du makok, » l'œil des grandes complaisances de Dieu se re- » pose sur elle et sa main la bénit (1). »

La déférence aux ordres d'un évêque qui attendait impatiemment l'emportant sur les satisfactions les plus douces et les joies les plus saintes, M. l'abbé Ducat prit congé de ses hôtes et continua sa course vers Siam. Six semaines après, au commencement de janvier 1858, nous le trouvons aux pieds de Mgr Pallegoix, puis au camp de Sainte-Croix de Bangkok, où Sa Grandeur s'empressa de le

(1) Recueil de lettres, 4e cahier, p. 133 et suiv. Lettre écrite de Rembeah.

renvoyer. C'est à peine si les brebis ont reconnu leur pasteur ; sa tête a blanchi sous le poids des sollicitudes, les rides sillonnent sa figure et tout son corps porte les stigmates de la vieillesse. « On croirait qu'il revient, se dit-on parmi ceux qui l'entourent, après une absence de quinze années. » Quant à lui, il peut encore répéter le mot de Notre Seigneur Jésus-Christ : « Je connais le troupeau qui fut confié à ma garde, et je lui apporte mon dernier soupir (1). »

En réservant à un petit nombre de faits qui tranchent sur le reste une mention à part, il suffira de considérer dans son ensemble la dernière partie de la carrière aspotolique de M. Ducat, pour en saisir le véritable caractère et en apprécier les bienfaits. Les traits particuliers à détacher du tableau sont naturellement ceux qui révèlent dans notre missionnaire des qualités et des talents, précieux sans doute à Siam comme ailleurs, mais plus ou moins étrangers au divin commerce des âmes. Les indigènes, chrétiens et idolâtres, ont aujourd'hui une haute idée du culte catholique ; on

(1) Cognosco meas..., et animam pono pro ovibus meis. (*Joann.*, x, 14-15.)

rencontre sur la paroisse de Sainte-Croix de Bangkok une église dont l'intérieur fait plaisir à voir ; grand nombre d'enfants abandonnés trouvent asile dans un orphelinat nouvellement construit. Or, ce sont là comme autant de fleurs dont les généreux missionnaires de l'Indo-Chine n'hésitent pas à couronner le zèle industrieux et l'esprit fécond de M. l'abbé Ducat.

Entre tous les moyens de rehausser l'éclat des cérémonies religieuses, celui qui sourit le plus à notre missionnaire fut l'organisation d'une petite milice destinée à servir de garde d'honneur à Jésus-Christ en même temps qu'à charmer les regards et l'imagination d'un peuple encore enfant. Après avoir pourvu à tous les détails ou, comme il dit lui-même plaisamment, à tous les boutons de l'uniforme, il se mit à la tête de ces recrues improvisées, les exerça au maniement des armes et, comptant sur le secours de Dieu, qui *dispose les lèvres à publier ses louanges*, selon la belle expression du prophète (1), osa même remplir parmi eux les fonctions de chef d'orchestre. Au bout de quelques semaines, la troupe put figurer dans les

(1) Ps. L, 17.

solennités, qui l'emportèrent alors, grâce à sa bonne tenue, sur les plus belles fêtes de Boudha. A une procession de Fête-Dieu, le premier ministre de Sa Majesté siamoise, retenu au milieu de l'assistance par un motif de curiosité, ne put s'empêcher de témoigner sa surprise : « Certes, dit-il, je ne croyais pas qu'avec une poignée d'hommes on pût faire quelque chose de si beau ! Qu'est-ce donc en Europe? » Mais lorsqu'à la fin de la cérémonie, les soldats, secrètement avertis par leur vénérable colonel, se tournèrent vers lui pour lui rendre les honneurs militaires, ce ne fut plus seulement une agréable surprise, ce fut de l'enivrement.

On se rappelle combien M. Ducat, n'étant encore que séminariste, avait à cœur la beauté de la maison de Dieu. Jeté depuis sur une terre infidèle où se dressent fièrement les temples des idoles, il ne put jamais s'habituer à voir Notre Seigneur moins bien logé que Sassada (1). Cent fois il écrivit en France à ce sujet, mettant à contribution les communautés religieuses, s'adressant à la piété de sa mère et de ses sœurs pour obtenir certains orne-

(1) Maître des anges et des hommes, docteur des animaux, huitième nom de Boudha.

ments, recourant à un habile et complaisant architecte [1] à propos d'une foule de détails ; puis, à mesure que ses ressources augmentèrent ou qu'il se sentit à même de triompher d'un obstacle, il exécuta lui-même dans sa chère église de Sainte-Croix ces travaux élégants et variés sur lesquels le regard, attristé par la vue de sa tombe, aime à se reposer un instant. Nous repoussons d'avance le reproche qu'on pourrait nous faire de revendiquer pour notre missionnaire le mérite d'une œuvre que tant d'autres effacent : voici ce que dit le Seigneur : « Il est grand le prêtre qui consacra une partie de sa vie à relever le temple de ses ruines. Celui qui l'affermit sur ses fondements, exhaussa ses murailles, élargit l'entrée de son parvis, mérite d'être comparé, pour l'éclat dont il brille, à l'étoile du matin ; pour le parfum d'édification qu'il répand, à la rose et au lis ; pour les fruits de salut que son zèle produira, à l'olivier et au cyprès [2]. »

(1) M. Alfred Ducat, frère du missionnaire.

(2) Sacerdos magnus, qui in vitâ suâ suffulsit domum... templi etiam altitudo ab ipso fundata est... et excelsi parietes templi... et ingressum atrii amplificavit... quasi stella matutina sic ille effulsit... quasi flos et oliva pullulans. (*Eccli.*, L, 1, 2, 5, 7.)

Mais il vient d'être question de l'orphelinat de Bangkok. M. l'abbé Ducat avait pris d'autant plus à cœur la construction de cet asile béni, que plusieurs fois, dans ses courses, il avait ouï parler d'enfants abandonnés ou avait eu lui-même occasion d'en recueillir. Aussi y travailla-t-il dès les premières semaines qui suivirent son retour, et sans autre interruption que celles qu'entraîne inévitablement le soin d'un nombreux troupeau. Il y mit la dernière main au mois de juin 1858. C'est dès lors un plaisir de le voir autour de cet établissement et de l'entendre parler des espérances qu'il ose concevoir : tantôt il se représente sa maison de planches comme le camp du guerrier, et l'orphelinat comme une montagne sainte où d'humbles religieuses répètent la prière de Moïse ; tantôt il se prend à sourire en arrivant vers ce châtelet aux fenêtres bleues, qui se détache sur un fond d'arétiers et au fronton duquel on lit cette inscription : *Hëng-Phra* (1). Quelquefois l'apôtre de Sainte-Croix, témoin du dévouement des maîtresses et du progrès des enfants, entrevoit dans l'avenir des jours meilleurs et cède à un sentiment

(1) Lieu sacré.

de joie. Ajoutons que Dieu, dans sa bonté, ménage de temps à autre certaines scènes où la louange du père s'échappe spontanément de la bouche des petits enfants. Pour récompenser le travail de l'année, M. Ducat, aidé de ses religieuses, avait établi à l'orphelinat une sorte de bazar dont les divers objets se payaient avec les bons points obtenus. Or, tandis que les jouets d'Europe se débitaient à droite et à gauche, un enfant de huit ans, ayant sa bourse pleine de la monnaie courante et dévorant des yeux ces belles marchandises, n'achetait cependant rien. « J'en étais surpris, écrit » notre missionnaire ; mais mon étonnement se » changea en admiration et en action de grâces, » lorsque, peu de temps après, cet ange vint me » prier d'accepter ses bons points et de célébrer » en retour une messe pour le repos de l'âme de sa » mère. » Celui qui a creusé la source où se puise une telle délicatesse de sentiments, peut croire, sans présomption, qu'il a bien usé de son temps et de ses forces.

En dehors de ce genre d'occupations, qui demandait une aptitude spéciale, M. l'abbé Ducat continua à honorer son ministère par un zèle prudent, une charité ardente et une piété exemplaire.

Un aperçu général éclairera les trois années de vie qui restent au jeune apôtre, d'une lumière assez vive pour faire glorifier le Père céleste.

Soit tendance naturelle, soit vertu, il avait fini par personnifier en lui l'union du patriotisme et de la foi. Parce que la religion était à ses yeux toute grandeur, toute beauté, toute vérité, volontiers il appelait la terre natale où il en avait puisé les divins enseignements, le jardin du plaisir de Dieu, le champ plein de saphirs. Bien loin de dissimuler ces sentiments, M. Ducat se plaisait à les exprimer, surtout devant les représentants de notre nation, dont il gagnait ainsi la haute protection. « Je fais tout, disait saint Paul, pour le progrès de l'Evangile (1). »

Si quelque chose put le consoler d'avoir abandonné Jongsalang, ce fut de voir autour de lui des confrères auxquels il destinait les prémices de son dévouement et dont les exemples devaient soutenir sa faiblesse. Il serait vrai de dire que ce besoin de donner et de recevoir provenait de son humilité : l'homme humble voit chez les autres le mérite qui a droit à l'estime, et chez lui le néant qui ap-

(1) Omnia facio propter Evangelium. (*I Cor.*, IX, 23.)

pelle l'être ; mais M. l'abbé Ducat considérait surtout ce saint et pieux communisme comme un moyen de sauver les âmes. Aller ensemble évangéliser une peuplade, prodiguer ses soins en échange d'un service, s'encourager mutuellement, c'était faire mieux, selon lui, que les premiers fidèles, chez qui la communauté de biens n'avait pour but qu'un avantage temporel.

Durant son premier séjour à Bangkok, notre missionnaire avait dû se partager entre l'office de pasteur et des études indispensables ; depuis son retour, il se voua exclusivement au bien de sa paroisse. Les chrétiens qu'il instruisit, ceux qu'il ramena à la pratique des devoirs par les moyens ordinaires ou par des retraites, les enfants qu'il prépara à la première communion et les mourants qu'il bénit, représentent un total d'environ six mille. « Lorsque vous aurez convenablement rempli votre tâche, nous dit Jésus-Christ, avouez que vous êtes des serviteurs inutiles (1). » Fidèle à cette recommandation, M. Ducat considère avec effroi sa récolte annuelle et s'écrie : « Avec cela, on n'est pas riche, et si Dieu ne l'était pas plus en miséri-

(1) *Luc.*, XVII, 10

corde, il faudrait bien dire au jour du jugement : *Montagnes, tombez sur moi !* »

Bien des prêtres, sans doute, envieraient à M. l'abbé Ducat ce bien dont il n'ose s'avouer à lui-même le mérite, et l'eussent-ils accompli sans violence, ils se croiraient assurés de trouver grâce devant Dieu. Pour lui, à mesure qu'il approcha du terme de sa course, les épreuves se multiplièrent et l'effort devint plus pénible. Ce cher missionnaire qui se fait tout à tous, souvent d'un air gai et toujours avec grâce, a en réalité beaucoup moins de consolations que de tristesses. — Il voudrait confier une bonne œuvre à chacun des instants qui fuient vers l'éternité, et le monde les lui dérobe ; — sa chrétienté souffre du contact avec les Européens nouvellement arrivés dans le pays de Siam. — Si le roi, voisin de la vérité par ses convictions, avait le courage de l'embrasser, six millions de nouveaux enfants seraient acquis à l'Eglise ; et le roi reste idolâtre ! — Au moment où la mission de l'Indo-Chine réclame des auxiliaires, un prêtre estimé de son troupeau, M. Georgel, est emporté par le choléra ; M. Lequeux, ce chef intrépide de l'expédition de Salang, succombe à la tâche ; puis, entre ces deux tombes, voici que la mort vient placer celle d'un père chéri, dont la santé et les forces se sont sensiblement affaiblies depuis le départ de ses fils. Assurément, c'est se montrer digne d'une double couronne que de triompher à la fois et de ces peines et de toutes les traverses d'un laborieux apostolat.

Mais, puisqu'il convient de n'omettre aucune des particularités qui peuvent faire apprécier les derniers travaux de notre missionnaire, nous n'hésiterons point à ajouter ici que, tout en déployant à l'extérieur une activité sans égale, il était poursuivi dans son esprit par une pensée de découragement. On le croirait difficilement si saint Paul lui-même, après avoir retracé ses combats au dehors, n'avait parlé de ses craintes au dedans (1). M. l'abbé Ducat ne s'en ouvrit du reste qu'avec une prudente réserve. A part quelques lettres écrites au P. Henri, sa correspondance n'en fournit de preuve certaine que cette confidence, adressée trois jours avant sa mort à M. Chevroton : « A vingt pas de Jésus résidant » dans l'Eucharistie, en l'église de Sainte-Croix, » à minuit, occupons-nous, mon vénérable père,

(1) Foris pugnæ, intùs timores. (*II Cor.*, VII, 5.)

» de ce qui me touche et vous intéresse, de ce qui » vous intéresse, parce que cela me touche..... Si » vous saviez dans quelle situation d'âme est votre » pauvre enfant ! Quand le diable le laisse en paix » d'un côté, il le crible de l'autre : ce diable se » nomme crainte et pusillanimité, et quand celui-» là n'est pas assez fort, sept autres lui viennent » en aide. Je n'ose pas demander si vous voudrez » me défendre, cher et digne père, bien que j'aie » tout fait jusqu'ici pour lasser votre patience ; » mais le pourrez-vous de si loin ? Rassurez-vous, » du reste ; si vous me faites défaut, Dieu enverra » la mort, qui m'enlèvera à *ce moi-même*, mon » plus grand ennemi, et me conduira au lieu de » l'éternel repos. La mort, elle est noire, mais elle » est belle (1) ! » A qui pourrait se plaindre ou se scandaliser en voyant un serviteur de Dieu livré à de telles angoisses au moment même où il se consume volontairement pour la gloire de son maître, nous répondrons par ce mot de saint Cyprien : « Dieu aime à donner de belles palmes à ses élus;

(1) Lettre d'avril 1862 à M. l'abbé Chevroton. On se rappelle que M. Chevroton avait été le père spirituel de l'abbé J. Ducat durant ses années de grand séminaire.

c'est pourquoi il les frappe fort à l'heure suprême et solennelle de la rétribution (1). »

(1) S. CYPRIEN, *Exhortation au martyre.*

CHAPITRE X.

Incendie du camp de Sainte-Croix. — Dévouement admirable de M. l'abbé Ducat dans cette circonstance. — Un des incendiaires le précipite dans le Mënam. — Douleur générale. — Témoignages rendus à sa mémoire.

Nous touchons au moment le plus pénible de la courte, mais glorieuse carrière de M. l'abbé Ducat : « Quelle nuit ! s'écrie le missionnaire, quelle journée ! La nuit était tout à l'heure éclairée par un vaste incendie qui dévorait mon camp ; et le jour éclaire maintenant plus de cent maisons en ruines et près de cinq cents malheureux qui demandent un gîte. » Cette douloureuse catastrophe, qui ruina pour un temps la chrétienté de Sainte-Croix, eut lieu au commencement d'avril 1862. Deux misérables apostats, dont les noms sont aujourd'hui en horreur à Bangkok, Puî et Thône, s'étaient attiré quelques humiliations de la part de leurs concitoyens. Poussés par un sentiment de vengeance et plus encore peut-être par un goût de rapine, ils conçurent l'horrible projet d'incendier le camp. Le feu, allumé sur plusieurs points et poussé par un vent violent, fit en un instant des progrès si terribles, que les principales autorités de la ville et le roi lui-même en furent effrayés et voulurent payer de leur personne. Quant à M. Ducat, sa conduite dans cette circonstance fut admirable : aux premières lueurs de l'incendie, il fit pieusement le signe de la croix sur son église et son cher orphelinat, consigna ses religieuses à la porte en leur recommandant de prier, et se jeta au milieu des travailleurs, excitant les uns, dirigeant les autres, et manœuvrant de son côté avec une incomparable énergie. On parvint à couper le feu sur un point, et M. l'abbé Ducat put croire d'abord que les ravages seraient moins grands qu'on n'avait eu lieu de le craindre. Mais lorsque, le matin, il vit accourir à lui les deux tiers de la population de Sainte-Croix pour demander un abri, du riz et des vêtements, il comprit toute l'étendue du mal.

Son premier souci fut de pourvoir au besoin du moment. Par ses ordres, on prépara, soit à l'asile, soit chez une mandarine chrétienne dont la maison avait été épargnée, les vivres tenus en réserve pour la semaine ; après quoi il fit asseoir sur l'herbe cette multitude d'affamés et s'empressa de les servir. Ici le trait de ressemblance entre le Maître et le serviteur est si frappant et en même temps si glorieux pour ce dernier, que nous ne saurions nous dispenser de le signaler en passant. « Donnez à manger à ceux qui sont venus à moi, dit Jésus ; et les disciples lui ayant fait observer qu'ils n'avaient que cinq pains et deux poissons : c'est assez, continua-t-il ; faites-les asseoir par troupes de cinquante ; ce qu'ils exécutèrent. Alors le Sauveur prit les cinq pains et les deux poissons, et, levant les yeux au ciel, il les bénit, les rompit et les donna à ses disciples, afin qu'ils les présentassent aux peuples. Ils en mangèrent tous et furent tous rassasiés ; et on remporta douze paniers pleins des morceaux qui étaient restés (1). »

Chose singulière, disons mieux, admirable disposition de la Providence ! Quand les malheureuses victimes de l'incendie de Sainte-Croix eurent apaisé leur faim, douze corbeilles se trouvèrent aussi remplies pour les jours suivants. Le poisson sec,

(1) *Luc.*, IX, 13-18.

les œufs salés, les pièces d'étoffe et autres objets de première nécessité, étaient arrivés de toute main aux sœurs de l'hospice ; une souscription ouverte au consulat de France allait donner cinq mille francs, et en attendant, le noble comte d'Istria, représentant de notre gouvernement à Bangkok, adressait à M. l'abbé Ducat sa généreuse offrande. « Ainsi que je vous l'avais annoncé, après avoir vu le spectacle désolant qui m'a navré, mon très révérend père, je vous envoie cent piastres destinées à subvenir aux plus pressants besoins des incendiés. Je vous prie d'offrir cette somme à vos chrétiens, comme un faible témoignage de ma sympathie pour l'immense malheur qui les a frappés, et de leur demander une prière pour la conservation des jours de Sa Majesté l'empereur, dont je ne suis que l'organe en cette circonstance (1). » Grâce à cette pluie volontaire que Dieu réservait à son héritage, le saint missionnaire, tout en continuant ses fonctions de père nourricier, songea incontinent à la reconstruction de Sainte-Croix. La mort ne lui laissa pas le temps de s'en occuper.

Ici la tâche de l'historien deviendrait pénible

(1) Lettre du 7 avril 1862.

si, avant de raconter l'étrange événement qui termine cette vie, il ne se présentait une considération aussi propre à le faire envisager sous son vrai jour, que facile à saisir.

La justice cesse-t-elle d'être aimable lorsqu'elle poursuit le crime ? A un certain point de vue, ne devrait-on pas même alors l'appeler charité, car si la charité a son huile, elle a aussi son feu. Mais consultons plutôt les grands maîtres : « Si on porte devant vous, juge, une accusation régulière, dit saint Augustin, et que, par témoins ou par preuves, vous arriviez à être convaincu de la culpabilité, réprimez, punissez, excommuniez, déposez. S'il faut que la tolérance veille, il ne faut pas que la discipline dorme (1). » « Un supérieur est comme un horticulteur dans son jardin, ajoute saint Chrysostôme ; celui-ci étouffe et coupe certaines herbes, mais c'est afin de favoriser le développement de plantes vraiment utiles. Ainsi des hommes chargés de gouverner ; ils punissent les méchants pour soutenir et maintenir les bons (2). » Et comme si ces docteurs craignaient que leur doctrine n'eût

(1) AUG., *De verb. apost.*, *serm.* XXII.
(2) *Homil. XV in epist. ad Corinth.*

pas assez de clarté et de lucidité pour arriver à toutes les intelligences, ils comparent la justice au bâton de Moïse, qui devient serpent après avoir servi d'appui.

Les sages du paganisme eux-mêmes ne virent jamais la chose autrement. Tous s'accordèrent à représenter la première des vertus morales sous la figure d'une déesse tenant de la main droite un glaive, et de la gauche une balance, avec cette inscription : *Une main pèse le méfait, l'autre frappe le malfaiteur* (1). L'un d'eux en particulier s'exprime à ce sujet en termes très précis : « Comme la loi, le représentant de la loi doit avoir pour but de corriger celui qu'il punit, ou de rendre certains hommes meilleurs par l'exemple du châtiment, ou enfin de pourvoir à la sécurité des bons en éloignant d'eux le méchant (2). »

Il est ensuite nécessaire qu'on connaisse la position exceptionnelle des missionnaires de l'Indo-Chine. Pour suppléer à la négligence ou à l'apathie naturelle des officiers civils et des agents de police, le gouvernement de Sa Majesté siamoise a

(1) Ponderat hæc causas, percutit illa reos.
(2) SENEC., *De Clementiâ*, lib. I, c. XII.

jugé à propos de confier aux prêtres européens une large part de l'administration extérieure. C'est pour eux une charge aussi lourde que désagréable; ils s'en sont plaints hautement et à différentes reprises, mais ont fini par reconnaître l'extrême difficulté de changer cet état de choses. Un des plus grands abus est de n'en vouloir supporter aucun.

Donc, lorsque les ennuis et les embarras survenus à la suite de l'incendie de Sainte-Croix lui laissèrent le temps de s'occuper d'autre chose, M. l'abbé Ducat, appuyé sur les principes de justice exposés tout à l'heure, revêtu d'ailleurs d'un titre officiel et avoué, se mit à la recherche des coupables. Pendant plusieurs jours, ses courses furent vaines ; il rentra dans sa cabane fatigué et triste. Or, un soir qu'après avoir fait une de ces longues perquisitions sur les bords du Mënam, il cherchait dans l'étude une diversion à ses peines, il vit entrer quelques-uns de ses chrétiens : « Père, lui dirent-ils, nous apprenons de source certaine que Puî joue dans une des maisons flottantes qui sont à l'autre rive. » Puî était le plus coupable des deux incendiaires, et, eu égard à sa malice et à ses ruses, on ne pouvait compter sur une occasion plus favorable. Aussitôt M. Ducat monta une barque, et peu de temps après il arrivait à l'endroit indiqué ; mais Puî, mis en éveil par l'imprudence de quelques chrétiens, se tenait sur ses gardes, et au moment où notre missionnaire posait le pied sur un radeau de bambous pour se saisir de sa personne, le misérable s'élança sur lui et le précipita dans le fleuve. M. l'abbé Ducat avait dit en maintes circonstances à ses compagnons d'apostolat : « J'aime tant la justice, que si un jour je » meurs martyr pour elle, personne ne devra » en être étonné. »

Hélas ! malgré cette parole, ce fut de toutes parts une explosion de désolation et de surprise. Au moment où les plongeurs siamois le retirèrent du fleuve et le déposèrent sans vie sur le rivage, il y eut, au rapport d'un témoin oculaire, une scène indescriptible. Aux imprécations lancées par les uns contre le meurtrier se mêlèrent les gémissements des enfants qui réclamaient leur père ; à côté des missionnaires dont la douleur, calme mais profonde, se traduisit en larmes muettes, les mères, les jeunes personnes, les petites filles de l'orphelinat, représentèrent sous ses formes les plus bruyantes et les plus expressives le deuil oriental.

Tandis que quelques-uns pressaient la sépulture, d'autres, craignant qu'elle ne fût trop prompte, se précipitèrent pêle-mêle sur les restes vénérés du martyr, soit pour contempler une dernière fois ce visage si connu, qui semblait leur sourire encore, soit pour s'emparer des objets qui lui avaient appartenu. Au nombre de ces chrétiens pieusement avides, se trouva un jeune homme que M. l'abbé Ducat avait racheté de l'esclavage et soigné comme son fils unique. Or, l'un des missionnaires crut à propos de réclamer la chose dont il s'était emparé, et l'ayant fait venir devant lui deux jours après : « Restitue à la famille du » père, lui dit-il, ce que tu as soustrait. — Mon Dieu! » mon Dieu ! s'écria le Siamois en pleurant, je » n'aurai donc pas la consolation de baiser cha- » que jour ce souvenir de mon libérateur ! — » Eh bien ! va, reprit le prêtre attendri ; prie » pour son âme ! »

M. Ducat laissait en mourant l'expression de ses dernières volontés, spécialement en ce qui concernait sa sépulture. Un article de son testament est ainsi conçu : « Si je meurs à Sainte-Croix, » je prie instamment mon évêque, mes confrères » et les chefs du camp, de me faire des funérailles

» très simples, réservant pour l'église ou quelques
» bonnes œuvres l'argent qu'on a coutume de dé-
» penser ici à l'occasion de certains décès. Je
» désire être enterré au milieu de mes fils en Jé-
» sus-Christ, et je marque ma place au seuil de la
» porte basse, du côté de l'autel de saint Joseph,
» afin que, voyant là mon nom et me foulant aux
» pieds, ceux qui entreront à l'église songent à y
» prier pour moi (1). » On ne crut pas devoir prendre à la lettre ces dispositions dans lesquelles M. l'abbé Ducat se montre injuste envers lui-même; les funérailles furent magnifiques, et son tombeau, déposé devant l'autel du patron de la bonne mort, fut recouvert d'un marbre blanc sur lequel on lit :

SOUS CETTE PIERRE
REPOSE LE CORPS DU P. JOSEPH DUCAT,
EN ATTENDANT LE JOUR DU JUGEMENT.
SON AME EST RETOURNÉE VERS DIEU, SON CRÉATEUR,
LE JOUR D'AVRIL VINGT-CINQUIÈME, 1862,
DE SON AGE LA QUARANTIÈME.
POUR SE DÉVOUER AUX TRAVAUX DE L'APOSTOLAT,
IL A ABANDONNÉ SA PATRIE, SON PÈRE, SA MÈRE, SES FRÈRES,
S'EST EXILÉ VOLONTAIREMENT
ET EST VENU AU SIAM EN L'ANNÉE 1854.

(1) Recueil de lettres et de documents, 4e cahier, p. 216 217.

PENDANT PLUS DE CINQ ANS
IL A ADMINISTRÉ LA CHRÉTIENTÉ DE SAINTE-CROIX.
IL LAISSE POUR HÉRITAGE
SES PRÉDICATIONS ET SES EXEMPLES.
L'INCENDIE DU CAMP ET L'ACCIDENT QUI A CAUSÉ SA MORT
SONT UN MÉMORIAL QUI DOIT RESTER GRAVÉ
DANS LA MÉMOIRE DES GÉNÉRATIONS FUTURES (1).

Moins de trois mois après cette touchante cérémonie, dans laquelle nos frères de l'Indo-Chine exprimèrent si bien leurs sentiments d'estime et de reconnaissance, les parents, amis, compatriotes de M. Ducat, invités et présidés par le vénérable curé de Saint-Pierre, M. l'abbé Dupuis, se réunissaient autour d'un monument funèbre pour payer aussi leur tribut au jeune martyr. Et si, pour compléter le rapprochement entre la patrie adoptive du missionnaire et sa ville natale, il est besoin de tracer sur son berceau ce qu'une main

(1) Cette inscription se lit aussi en siamois :
Thai sila ni Soph phe P. Jose Ducat khoi van phipkaksa vinjan klap par ha Phra pha sang na : van 25 april 1862; aju : 40. Thavai tua peu missionnaris la : thinthan bida. Manda, Jathi, phinong. Nirat ma ju mu'ang Thai sakkarat 1854. Peu somphran khrong vat Santa Crux spi set kham thetsana lĕ xabal peu moradok.....

Ce monument est dû à la générosité d'un jeune voyageur suisse, M. Rossier, qui avait en grande estime M. l'abbé Ducat.

amie écrivit sur sa tombe, nous composerons l'inscription des témoignages suivants :

A la nouvelle de sa mort, Mgr Pallegoix et son pro-vicaire M. Clémenceau, tous deux malades, s'écrièrent : « Est-ce donc vrai, mon Dieu !... Ah ! quelle perte immense pour le Siam ! »

Mgr Guillemin, vicaire apostolique du Quang-Tong, et Mgr Bigandet, évêque de Ramatha, adressèrent à la famille Ducat, l'un ces quelques mots pleins de sens dans leur brièveté : « J'ai bien pleuré notre cher apôtre de Sainte-Croix ! Nous sommes presque aussi à plaindre quand des ouvriers de cette force disparaissent, qu'eux sont heureux d'avoir obtenu la couronne (1) ! » l'autre une lettre de familier et d'ami dont nous nous contenterons d'extraire ce passage : « Je viens mêler mes larmes aux vôtres et déplorer avec vous le vide que la mort fit naguère à Bangkok. Hélas ! ce n'est pas sur M. l'abbé Ducat qu'il faut pleurer ; son zèle, ses travaux et son dévouement, lui ont assuré la vie éternelle ; il jouit à présent du fruit de ses labeurs et possède ce que saluaient de loin ses espérances. Je puis vous assurer qu'il

(1) Lettre écrite de Canton, 15 décembre 1862.

était un vrai missionnaire ; ce mot vous dit tout. Le peu de temps que je passai avec lui à Pinang et la correspondance établie entre nous avaient suffi pour me faire apprécier ses hautes qualités ; mais j'ai su d'ailleurs ce que pensaient de lui ses confrères de Siam, et combien ils admiraient ses vertus apostoliques. Adieu, bonne famille ! Souvenez-vous que si vous comptez un fils et un frère de moins sur la terre, vous avez un protecteur de plus dans le ciel (1). »

Mgr Bigandet peut, à bon droit, parler de la considération singulière dont jouissait à Bangkok M. l'abbé Ducat. Les missionnaires s'accordent à dire qu'il était une forte colonne des chrétientés siamoises ; ils le trouvaient habile en toute sorte de choses ; jamais il ne faisait défaut sans qu'on s'aperçût de son absence, et maintenant, lorsqu'on met le pied sur cette parcelle de terre qu'il a arrosée de ses sueurs, on sent couler une larme ou bien l'on voit ceux dont il fut le père à genoux à côté de ses restes(2). L'un de ces hommes

(1) Lettre de Mgr Bigandet, 12 septembre 1862.

(2) Dernières lettres écrites par les missionnaires de Siam. Recueil, 4e cah., p. 218-280.

de Dieu croit que pour rendre l'admirable figure de son ami, il ne faut qu'un mot : « A Siam, M. Ducat était tout [1]. »

Mais il est, à la louange de M. l'abbé Ducat, une page que nous ne saurions tenir cachée dans l'ombre : les titres qu'on y donne à la mère et à la sœur aînée du jeune apôtre, le genre de style et les détails feront reconnaître facilement les religieuses indigènes de l'orphelinat de Sainte-Croix :

« Nous saluons profondément notre aïeule et notre grande tante ; nous prions le bon Dieu de les bénir.

» Nous, viles esclaves, nous nous estimons heureuses d'avoir été les filles adoptives du P. Joseph ;

(1) Deux mots extraits, l'un de la correspondance de M. Grandjean, ancien missionnaire, avec la famille Ducat, l'autre de M. Chamaison, directeur au séminaire des Missions étrangères, compléteront ce qui est dit ici : « Chaque fois que le bon père et bien cher ami, M. Dupond, m'écrivait, il ne manquait jamais de me répéter que M. Ducat était un excellent confrère, qui paraissait destiné à rendre un jour de grands services à notre pauvre mission de Siam, et qu'à sa mort il l'a regretté comme étant très digne de succéder à Mgr Pallegoix. » — « Tout le monde parle de M. Ducat comme d'un excellent confrère, et, s'il n'était pas mort, toutes les voix l'auraient indiqué pour l'épiscopat. » (Lettres du 3 août et du 6 février 1864.)

nous, humbles mères en Jésus-Christ des orphelines de Bangkok, nous osons penser à notre bien-aimée aïeule et à notre chère tante.

» Notre très vénéré père a terminé sa course ici-bas ; si, le jour de la sépulture, il nous eût été donné de voir notre chère aïeule et notre grande tante, une goutte de consolation serait descendue dans nos cœurs brisés. Mais, hélas ! où est le beau pays qu'elles habitent ?

» Nous, au contraire, nous étions là bien près. Cependant, malheureuses que nous sommes, nous n'avons pu ni rendre nos derniers devoirs à ce tendre père, ni voir une dernière fois la bouche qui avait éclairé nos ténèbres et consolé nos tristesses ! Quelle douleur !

» Pour obéir aux ordres de notre vénéré père, nous étions allées passer quinze jours dans une province voisine. O coup fatal ! quand, au jour fixé, nous sommes rentrées à Sainte-Croix, le corps de notre bienfaiteur et père était dans le tombeau !

» Cette mort est pour nous une source d'amertume qui ne tarira point.

» Nous conjurons notre aïeule et notre tante de penser à nous en présence de Notre Seigneur Jésus-Christ, et de prier pour nous en attendant que nous puissions les voir et les connaître dans le ciel. — Anna TRUYET. — Lucie BANG. »

En terminant ce modeste travail, nous déposons nos hommages aux pieds du nouveau vicaire apostolique de Siam, Mgr Aimé-Ferdinand-Augustin Dupond, évêque d'Asoth ; nous demandons un souvenir à MM. Daniel, Ranfaing, Gibarta, Hestrest, Martin, Aussoleil et Osouf, dont les noms sont à jamais gravés dans notre mémoire. Les chrétientés de Siam privées de leurs pasteurs, ont retrouvé MM. Péan, Kiffer, Rabardelle et dernièrement M. Grousson ; paix et succès à ces nouveaux ouvriers de l'Evangile ! Un salut de France au père Jë, que M. l'abbé Ducat forma pour le sacerdoce dans une cabane de Jongsalang, et qui, aujourd'hui fortifié par l'onction sainte, continue l'œuvre de son bienfaiteur et maître !

CONCLUSION.

« C'est un spectacle bien singulier, écrivait, il y a près d'un siècle, lord Makerteney, ambassadeur en Chine, de voir des hommes animés de motifs différents de ceux qui inspirent la plus grande partie des actions humaines, abandonner pour toujours leur patrie, leurs amis, et se consacrer pour le reste de leur vie à l'œuvre de convertir des peuples qu'ils n'ont jamais vus. Dans cette entreprise, ils affrontent toute sorte de périls, souffrent persécution et renoncent à tout ce qui leur est cher. Mais, à force d'industrie, de génie, de persévérance, d'humilité, de zèle, pour s'initier à des connaissances étrangères à leurs études antérieures, pour apprendre des arts totalement nouveaux pour eux, ils parviennent à propager la foi sans en retirer de profit personnel (1). » Ce spectacle doit paraître en effet bien étrange à ceux qui n'en ont pas le secret. A d'autres qui ne cherchent point à s'en rendre compte et se contentent de l'étudier au point de vue des intérêts humains, il semble consolant : « Les missions ont civilisé plus d'hommes dans les nations barbares, dit Buffon, que les armées victorieuses des princes qui les ont subjuguées (2). » Quant à nous, enfants de l'Eglise, instruits des motifs qui font agir le missionnaire et des fins qu'il se propose, nous voyons dans le fait de l'apostolat chrétien chez les nations, un caractère distinctif et parfaitement saisissable de la vraie foi.

La vraie foi ne s'attache qu'aux pas des apôtres envoyés immédiatement ou médiatement par Notre Seigneur Jésus-Christ : or, le divin Maître ayant réglé et établi que ses ambassadeurs au milieu des peuples répandraient dans les larmes la semence de la parole, donneraient gratuitement ce qui leur fut donné gratuitement, ne reculeraient ni devant la dent des loups ni devant la rigueur des climats,

(1) *Voyage dans l'intérieur de la Chine et de la Tartarie*, t. II, p. 385.
(2) *Hist. natur.*, t. V, p. 202.

en un mot pratiqueraient le dévouement le plus absolu, c'est évidemmeut sur la voie des hommes qui s'immolent que je chercherai la vérité et que la vérité viendra à ma rencontre.

Où sont ces hommes ?

Personne à coup sûr ne s'avisera de les chercher dans les tribus errantes du schisme grec, non plus que parmi les stupides représentants du culte moscovite. « Chez les grecs, dit le cardinal Baluffi, il n'y a plus qu'un peu de vie végétative ; » et quant à la religion russe, bien loin de donner à ses popes l'intelligence et le goût des grandes choses, elle participe, en sa qualité de fille du Bas-Empire, de l'imbécillité byzantine. Si donc il a existé et existe encore des apôtres dont les sentiments et la conduite soient conformes aux sublimes leçons du Sauveur, ce ne peut être qu'au sein du protestantisme ou dans les rangs de notre milice sacerdotale. Un rapide examen des faits suffira pour fixer l'opinion.

Qu'est-ce qu'un missionnaire protestant ?

« C'est un homme adonné à l'industrie et au commerce. » (LARMINAT, *Journal d'un officier de marine.*)

« C'est un docteur qui prêche l'hygiène et l'engrais Dusseau, le guano et la caisse d'épargne, rien de mauvais par conséquent. » (Une dame luthérienne.)

« C'est un émissaire des sociétés bibliques, un commis-voyageur de quelque maison de Londres ou de Liverpool, un semeur de petits traités. » (C. DE BUSSY, *Les Révoltés*, t. Ier, p. 260.)

« C'est un agent payé d'une compagnie religieuse, envoyé dans le but de coloniser chez les Indous et les musulmans pour devenir ensuite surveillant des colonies. » (Réponse de Goluck-Nath, missionnaire indigène, à la 4e conférence générale de Lahore.)

« Je ne sais si cela tient à ce que je suis né dans l'Eglise catholique, mais les missionnaires protestants que j'ai rencontrés au temps de mes voyages, m'ont toujours semblé être des négations vivantes de l'Evangile. » (Alex. Dumas.)

A ce portrait de l'apôtre de la réforme, qu'on nous permette d'ajouter le tableau d'une mission protestante, tel qu'il vient de nous être fourni par le *Magasin des missions évangéliques* du docteur Ostertag (1). « Il y a d'abord le *Heimwesen des*

(1) *Evangelisches Missions-Magazin.* — Juillet 1863.

Missionærs, le chez-soi du missionnaire : au milieu d'une pièce vaste et élégante, ornée de tableaux et de pendules, se trouve un jeune homme frais avec barbe à côtelettes, habillé d'un joli paletot et d'un pantalon à sous-pieds. Assis à une table, il lit un gros livre. Vous reconnaissez à ce costume et à cette attitude le ministre du saint Evangile. Au fond de l'appartement est assise une dame dont l'extérieur est assez agréable et qui est occupée en ce moment à bercer un enfant ; c'est madame la missionnaire, qui cherche à endormir un petit missionnaire. Non loin du *Heimwesen*, l'œil distingue, assis sous une croix élevée, un nègre d'Australie, un Chinois, un Esquimau et un Malais. Chacun d'eux a sa physionomie particulière ; l'un parcourt la Bible et semble heureux des belles choses qu'il y trouve, l'autre cède à l'ennui et au sommeil ; celui-ci prend, en face du livre sacré, des airs raisonneurs qu'un chef de tribu se croit obligé de réprimer ; mais la figure la plus expressive est celle du dernier, qui s'arrête avec stupéfaction devant le texte *fides ex auditu*, et se persuade qu'on a voulu mettre *fides ex lectu*. En résumé, du côté du missionnaire, acheminement rapide vers le confortable et le bien-être ; du côté des idolâtres, à peine quelques pas qui les éloignent de la barbarie sans les rapprocher de la civilisation. L'infidèle chante : « Notre apôtre est un grand seigneur ! » et c'est vrai ! L'apôtre chante à son tour :

« Und waer wie ein Baer, er wird zum Lamme ;
Und waer er kalt wie Eis, er wird zur Flamme (1). »

» Et c'est faux ! »

Bien que cette peinture, œuvre de l'hérésie elle-même, soit un aveu formel des vues étroites et intéressées de l'apostolat protestant, aussi bien que de l'inutilité de ses résultats au point de vue chrétien, cependant nous aimons tant à traiter gravement les choses graves, que nous nous hâtons d'abandonner ce côté léger ou plaisant de la question pour arriver à des preuves.

Le dévouement parfait imposé par Jésus-Christ exige qu'on ne se laisse ni rebuter par l'abrutissement d'un peuple, ni effrayer par le soleil qui le brûle. Écoutons un Anglican : « Allez donc parler raison et religion à des Indiens qui ont toujours le tomahawk à la main pour vous prendre votre che-

(1) Le païen serait-il comme un ours, il devient comme un agneau ; serait-il froid comme de la glace, il devient comme une flamme. (Extrait du *Missions-Magazin.*)

velure ! Non, non. Il est bon sans doute d'avoir des sociétés charitables qui s'occupent d'eux, mais de loin. Ce ne sont pas des messieurs qu'il soit, en aucune façon, agréable d'approcher. »

Il faut, pour la perfection du dévouement, qu'un missionnaire prêche, instruise, dirige, reprenne. Ce sont là les différentes formes de cette folie de la parole par laquelle il a plu à Dieu de sauver le monde. Or, les apôtres du protestantisme sont des chiens muets. On leur met sous presse deux millions de Bibles, comme en 1855, et ils s'en vont avec cette lettre morte. S'ils arrivent en pays infidèle au nombre de cinq cents, deux mille indigènes sont requis de traduire en vingt langues différentes le texte allemand ou anglais (1); cet immense travail terminé, la distribution a lieu et les lectures commencent sous la surveillance du Saint-Esprit. Qu'ont dit et fait les *gottesmaenner* à côté des imprimeurs ? Ils n'ont dit mot et n'ont rien eu à faire. Qu'ont-ils fait et dit auprès des traducteurs ? Ils n'ont fait œuvre de leurs mains et n'ont rien eu à

(1) Tandis qu'il n'y avait que 540 missionnaires protestants aux Indes, il y avait 1,959 indigènes traducteurs, imprimeurs, distributeurs. (Extrait des statistiques.)

dire. Quel ministère remplissent-ils au milieu des lecteurs? Aucun. En vérité, tout l'apostolat des disciples de Luther et d'Henri VIII consiste à traverser l'Océan Pacifique avec une cargaison!

Enfin, l'on ne saurait concevoir le dévouement apostolique sans la pratique exacte de cet avis du Maître : « Donnez sans retour ce que vous avez reçu sans paiement, et gardez-vous de songer à votre bourse (1). » Eh bien, est-il dans l'Evangile une parole plus méconnue des protestants qui le colportent? Outre les bénéfices qu'ils réalisent en exerçant le négoce pour leur propre compte, *de peur*, disent-ils, *de ressembler aux missionnaires papistes*, chacun d'eux se fait allouer six mille francs de traitement, je ne sais plus combien de pièces d'or à sa femme, et six cents francs par tête aux enfants issus du couple convertisseur (2).

C'est à peine si on ose mettre l'œuvre des missions catholiques en parallèle avec cet apostolat fainéant, marié et doré. Du sein de la grande Eglise on voit s'élancer sur la trace des douze, tous martyrs après avoir été apôtres, une multitude innombrable de héros. Tantôt ils se dispersent et

(1) Saint Math.

(2) *Berliner Zeitung*, 1840, n° 68.

travaillent à distance; on voit en Irlande Patrice, dans la Grande-Bretagne Augustin, en Allemagne Boniface; plus tard Laynez au Maduré, Cassin au Japon, Xavier dans les Indes. Tantôt, se souvenant qu'ils sont membres d'un même corps et que l'union fait la force, ils concentrent leurs efforts, mêlent leurs sueurs, meurent ensemble sur quelque terre prédestinée. Les franciscains exploitent, au profit du règne de Dieu, la Syrie, l'Arménie, la Perse, la Tartarie et la Chine; cinquante dominicains en Hongrie et deux cents en Egypte fécondent de leur sang le sol qu'ils ont cultivé; en moins de trois siècles, douze mille fils de Loyola dépensent leurs forces et leur vie dans les immenses contrées de l'Orient. L'Océanie salue les bénédictins et les maristes, qui apportent la paix dans les plis de leur bure, et le roi des îles écrit au pape pour lui annoncer que ses sujets sont devenus des hommes, des chrétiens vertueux, des enfants de Dieu.

Qui pourra dire les conquêtes si vastes et si chèrement payées des rédemptoristes, des passionnistes, des oblats de Pignerol et de Marseille, des picpuciens, des enfants du Saint-Cœur de Marie? « Leur voix a éclaté dans toute la terre, et leurs paroles se sont fait entendre jusqu'aux extrémités du monde [1]. »

Mon œil se fatigue à suivre ainsi dans toutes les directions et sur les plages les plus lointaines ces intrépides propagateurs de la foi : je le repose en le fixant avec une légitime fierté sur la fille aînée de l'Eglise, qui en enfanta un si grand nombre; sur ce beau diocèse, où les germes du dévouement apostolique se développent par les soins de directeurs zélés et à l'ombre d'une autorité paternelle; sur cette cité enfin, dont la nombreuse et ardente jeunesse est constamment représentée en pays infidèle. Au moment où le digne apôtre à la mémoire duquel nous venons d'écrire quelques pages expirait au fond de l'Indo-Chine, un autre se préparait à combler le vide [2] : nous devons à ce nouveau soldat de l'Evangile un souvenir plein d'admiration, car il a sacrifié pour Dieu l'éclat de la fortune et l'espoir d'une haute position ; nous lui devons de plus une affection spéciale, parce qu'il a vécu avec nous dans ce cher et intéressant collége de Saint-François-Xavier auquel nos sympathies sont acquises pour toujours.

(1) *Psalm.* XVIII, 2.
(2) M. l'abbé L. Guerrin, parti pour la Chine en juillet 1864.

NOTES.

NOTE A, p. 96-97.

On a vu combien M. l'abbé Ducat aimait à entretenir correspondance avec ses amis et à leur rendre service. Une pièce retrouvée dernièrement au milieu des objets reçus de Bangkok prouve qu'il ne les oubliait pas non plus dans le secret de la face de Dieu. Il s'agit d'une liste où sont écrits les noms de trois cents personnes, et que notre missionnaire avait sous les yeux quand il priait, afin de payer, disait-il, aux unes le *Pater* de la reconnaissance, aux autres celui de l'amitié. Combien d'ecclésiastiques, de religieux, de laïques, qui se croyaient peut-être effacés du souvenir de M. Ducat, ont été tous les jours présents à son oratoire, ou rangés autour de son calice! *Amici corpore videntur separari posse, non animo, in quantum amici sunt.* (Aug., lib. IX, *de Trinit.*, c. v.)

NOTE B, p. 145.

La formation d'un clergé indigène est d'une extrême importance pour le maintien des Eglises. Voici le texte du décret émané à ce sujet de la Propagande et adressé aux évêques d'Héliopolis et de Berythe : « Potissima ratio quæ » sacram hanc congregationem movit, ut vos in has re- » giones episcopos mitteret, ea fuit, ut omnibus modis et ra- » tionibus curaretis juventutem illam sic instituere, ut sa- » cerdotii capaces reddantur et à vobis consecrentur, suis- » que locis per vastas illas regiones collocentur, rem illic » christianam summâ diligentiâ, vobisque dirigentibus, » curaturi. Itaque hunc finem semper ob oculos habetote, » ut ad sacros ordines quàm plurimos et quàm aptissi- » mos adducatis, instituatis et suo tempore promoveatis. »

Innocent XI n'est pas moins explicite : « Cogendi vicarii » apostolici pœnis à sacris canonibus inflictis, ad resi- » dendum, ad instruendos et ordinandos clericos et sacer- » dotes naturales sive indigenas, ad convocandum syno- » dum. » (Bref *Onerosa pastoralis.* 1680.)

NOTE C, p. 162.

Trop de chrétiens, imbus des idées du monde, s'imaginent qu'un missionnaire ne franchit le seuil de la maison paternelle qu'en brisant tous les liens du sang et en foulant aux pieds les lois de la nature. Ce que notre digne apôtre ressentit dans son âme, ce qui se passa dans sa paroisse à l'occasion de la mort de M. Ducat père, est un démenti formel donné à cet odieux préjugé. Ecoutons d'abord ce langage :

« L'émotion profonde que je ressentis en apprenant la fin des travaux de notre père, ne vous surprendra pas; j'étais alors chez un de mes confrères : ce cher ami m'invita aussitôt à réciter la prière pour les morts; puis, appuyé sur lui, je dévorai les détails que vous me donnez. Merci ! merci ! Je vois que depuis maman jusqu'au jeune frère

Octave, tous vous avez compris et rempli votre devoir. Quant à moi, j'aurais voulu au moins faire parvenir sous les yeux de ce bien-aimé père ma photographie; mais non, non, non!... *Deo gratias!*... Il me voit maintenant du haut du ciel plus au naturel, et il remarque avec satisfaction que je suis toujours son Joseph... Puis, il est pour moi une consolation d'un autre genre, c'est que l'anéantissement moral qui a précédé la mort a laissé notre cher père en possession de tous les mérites acquis par son dévouement, ses travaux et le sacrifice de deux de ses enfants. Avec de telles richesses on peut acheter une place distinguée dans le royaume de Dieu. »

Mais à la suite de ce deuil si touchant et en même temps si chrétien, il fallait un acte de tendresse filiale. Un service funèbre pour le repos de l'âme de M. Ducat fut annoncé à Sainte-Croix de Bangkok. Mgr Pallegoix le présida, notre missionnaire officia, et, en tête d'une nombreuse assistance, parurent les chefs des différentes chrétientés; chacun s'accorda à dire avec le prophète : *In memorià æternà erit justus !*

NOTE D, p. 169-170.

A l'appui de notre doctrine sur le martyre, qu'il nous soit permis de citer saint Thomas. D'après cet illustre docteur, le martyre est un témoignage rendu à la foi. Or, ce témoignage n'est pas seulement parole, c'est tout acte par lequel on fait connaître qu'on a la foi, qu'on croit en Dieu et qu'on l'aime, qu'on professe la doctrine de Jésus-Christ et qu'on en a à cœur la pratique. « Ainsi, conclut-il, les œuvres bonnes en tant qu'elles se rapportent à Dieu, pouvant être considérées comme des témoignages de notre foi, si on meurt pour accomplir ou en accomplissant ces œuvres, on est martyr : *Ideò omnium virtutum opera, secundùm quòd referuntur ad Deum, sunt quædam protestationes fidei, per quam nobis innotescit quòd Deus hujusmodi opera à nobis requirit et nos pro eis remunerat, et secundùm hoc possunt esse censa martyrii.* (2ª 2æ, quæst. CXXVI, art. 5.) Il est facile de faire l'application de cette théorie au fait de la mort que nous avons racontée.

NOTE E, p. 176 et suiv.

Bien d'autres lettres que celles dont nous avons donné des extraits sont conservées par la famille Ducat, et comme marques précieuses de sympathie et comme preuves de la haute opinion que chacun avait du jeune missionnaire. Il nous est doux de trouver parmi ces lettres celles des dames du Sacré-Cœur de Besançon et de Saint-Ferréol :

« Je viens, bonne famille, au nom de madame Augustin et de toutes ces dames, vous dire quelle large part nous avons prise à la nouvelle si triste et si inattendue du P. Joseph. Vous voilà de nouveau et plus que jamais sur la croix; mais consolez-vous, être sur la croix, c'est être avec Jésus; et d'ailleurs, bonne et chère famille, les liens qui vous unissaient à votre missionnaire, bien loin d'être rompus, sont désormais plus étroits. Il y a des relations plus intimes, plus faciles, plus immédiates entre le ciel et la terre qu'entre Siam et la France; or, pouvez-vous douter qu'il soit au ciel, lui qui a tout quitté pour Dieu, tout fait pour Dieu, tout donné pour Dieu?

» Cependant, bonne famille, puisque vous le voulez, nous

prierons pour *un apôtre*; ces dames vous le promettent, et moi je ferai demain pour lui la sainte communion (1).

» Agréez, etc.

» Esther DE CLERMONT,
» *R. du S.-C.* »

« Je vous remercie, Mademoiselle, de nous avoir comptées au nombre de celles qui sentent vivement votre peine et la partagent sincèrement. Je suis spécialement chargée par madame du Ban, notre mère, de vous exprimer les regrets que lui cause cette perte; elle est bien sensible pour vous; elle est irréparable pour la mission de Siam.

» Soyez, je vous prie, notre interprète auprès de madame Ducat; et toutefois, ne faut-il pas dire d'elle : Heureuse mère, qui a donné le jour à un saint, à un martyr! Dieu s'est hâté de recueillir son cher fils et de le récompenser de ses immenses travaux. Il ne faut donc pas qu'elle pleure comme les mères ordinaires.

» Puis, n'oubliez pas, Madame et Mademoiselle, que vous avez ici des cœurs dévoués, et venez vous y consoler avec nous, aussitôt que les circonstances et les visites vous laisseront une heure de loisir (2).

» Daignez agréer, etc.

» A. D'AUTUME,
» *R. du S.-C.* »

(1) Lettre du 5 juillet 1862.
(2) Lettre écrite de Saint-Ferréol, le 3 juillet 1862.

TABLE DES MATIÈRES.

BESANÇON, IMPRIMERIE DE J. JACQUIN.

BESANÇON, IMPRIMERIE DE J. JACQUIN.

www.ingramcontent.com/pod-product-compliance
Ingram Content Group UK Ltd.
Pitfield, Milton Keynes, MK11 3LW, UK
UKHW020952230726
13923UKWH00007B/278